项目支持：上海青年文艺家培养计划

沈洋　主编

其来有自

黄自先生纪念集

广西师范大学出版社
·桂林·

本书编委会

主　编

沈　洋

副主编

韩　斌　王　为

先父黄自1904年3月23日生于江苏省川沙县（今属上海市，下同），幼年就从父母那里接受了良好的家庭教育。

1916年，父亲考入北京清华学校（现清华大学，下同）。在清华的八年里课程繁重，但他成绩优异，且尊师好友，博览群书。梁启超因赏识他而为他取名"今吾"，林琴南则为他取名"倜轩"。在同学中，周培源和梁思成等都与他过往甚密而成挚友。学习期间他选修了和声与钢琴两课，为日后的深造打下了良好的基础。在此期间他给堂叔写了一信，信中引经据典，阐述了音乐对个人和社会的作用，以及他对音乐的喜爱和向往。

1924年，父亲获准官费留美，入欧柏林学院（Oberlin College）学习，并于1926年毕业于该校，获文学学士学位。毕业时因学行并茂、成绩特优而被提名为美国优秀大学毕业生的荣誉组织"法·培德·嘉派学会"（Phi Beta Kappa）的会员。接着，父亲又留在该校继续攻读理论作曲①和钢琴。1928 年，父亲转入耶鲁大学（Yale University）继续深造。1929 年，他毕业于耶鲁大学，成为我国第一个在国外专攻理论作曲并获得音乐学士学位的留学生。当时的耶鲁大学音乐学院院长对他在音乐学习方面的勤奋和天赋给予了很高的评价。他毕业时所创作的序曲《怀旧》被选在该届毕业生音乐会上公演。因此，该曲成为第一首由我国作曲家创作也是第一首在美国公演的交响序曲，演出获得好评。音乐会后，当地的《新港晚报》发表了对他的专访文章。文中说："他如果留在这个国家来发展他的天分，他将会有锦绣前程。"父亲的回答则是："中国在教育方面迫切需要各种最好的经验，艺术也逐渐受到重视，……我们的乐感还未被启发，我们的政府已经在小学和中学开始这种启蒙，这是我期望回去之后能够从事的工作。"说明父亲愿意放弃在美国的"锦绣前程"而回国从事音乐的启蒙工作，以其所学报效祖国。这也是他当时许下的诺言。

回国后父亲仅工作了九年即因病去世。在这九年里他主要就任于上海国立音乐专科学校（今上海音乐学院），担任该校的教务主任兼作曲系教授。他协助校长萧友梅先生建立了我国最早的专业音乐教育体系，还开设了全校理论作曲课中的十余门课程，为我国作曲理论课系列的建立打下了基础；同时培养了

---

① 旧称，即今天的"作曲理论"，后同。——编者注

多位下一代的著名作曲家和音乐理论家。在繁重的专业教育工作之外，他还致力于中小学的音乐教育和社会上的音乐普及工作。正如他对学生所说的："你们努力，我比你们更努力。"九年里他以音乐教育事业为己任，将他的精力都倾注于我国早期的音乐教育事业，用实际行动实现了他回国前回答记者采访时所许下的诺言。

2024 年是父亲诞辰一百二十周年，特别欣慰能看到这些文献的出版。为此，谨向上海音乐学院以及参与录音的所有演职人员表示诚挚的谢意。

黄德音

2024 年 1 月

怀念黄自先生的最好的方式是歌唱，还有，就是怀旧，用回忆去增稠思念，这也是我们编这本文集的原因。余生也晚，无缘见到黄先生，仅有几张先生存世的照片，总觉得他应该是一个很安静的人。不过，汪颐年老师对子女回忆时却说："你们父亲的性子很静，温和，稳重，看上去似乎沉默寡言、很严肃，但是和他接触一多，就可以发现他待人非常诚恳、和善、热情，也常常谈笑风生，在与学生接触时就更健谈。学生都喜欢接近他，经常有学生到家来，有时个别地来，有时三五成群地来，有时是一大伙一齐来。一般学生都是晚间来的，来了以后，大半是谈谈学习方面和音乐方面的问题，有时也玩桥牌或其他游戏。此时，工作或上课时显得十分严肃的父亲就会像二十岁左右的青年一样活泼。"能够成为他的学生，何其有幸，但是，没有这个福气的我们，就要依着前辈的记忆与先生神交。

书名来自《孔子家语·冠颂》，正好有黄先生的名字嵌在里面，同时是想说，一切事情都有一番来历，中国高等音乐教育的溯源包含了黄先生的卓越贡献。第一部分"说自"收录了6篇文章，是来自黄先生的子女、学生或学生的子女的回忆。第二部分"自说"选撷了黄先生亲撰的9篇，包括尺牍、讲话、计划、乐评等，虽然只占先生文章的一小部分，但由此可以管窥先生的旨趣。最后一部分是黄先生的创作，希望能够给从未识得先生的人一个全面的了解，能够让深深敬仰先生的人有所凭吊。

　　本书的编纂承载了许多人的努力，本来这只是一个项目，如今却成为一个对黄自先生的绵长记忆的新的部分。有许多感谢的话要讲，首先要感谢的是黄德音先生的大力支持，没有他的首肯，本书以及录音是无法实现的。收录的许多文章也得到了诸位大师的后人的襄助，包括刘雪庵先生的公子刘学达先生，陈田鹤先生的女公子陈晖女士，江定仙先生的公子江自生先生，钱仁康先生的女公子钱亦平女士、外孙女王丹丹女士等。王瑞老师是项目的"始作俑者"，韩斌老师统筹推动，王为老师居中联络，上海青年文艺家培养计划鼎力支持，还有广西师范大学出版社的诸位同仁，等等。这里的每一声谢谢都是真诚的，因为，每一位被鸣谢的人都如同我们每个人一样，爱着黄自先生。

　　这就是我想说的话，再说一声，谢谢。

沈　洋

2024 年 10 月

目　录

说　自 / 1

深深的怀念
——写在父亲黄自百年诞辰之际　黄德音　黄惠音　黄祖庚 / 3

黄自的生活、思想和创作　钱仁康 / 13

黄自先生的清唱剧《长恨歌》　刘雪庵 / 50

纪念黄自先生　江定仙 / 63

怎样纪念黄自先生　陈田鹤 / 72

无数新声犹诗谱　陈晖 / 75

自　说 / 83

致黄朴奇书 / 85

家庭与音乐——在上海家庭日新会举行的欢迎会上的讲话 / 89

在上海国立音乐专科学校第一届毕业式上的讲话 / 91

个人计划 / 93

调性的表情 / 95

怎样才可产生吾国民族音乐 / 109

《心工唱歌集》序 / 112

乐评丛话 / 116

电影中的音乐 / 128

黄自歌曲作品 / 131

Jolly Good Ale and Old（甘美的老酒）/ 133

Song（歌曲）/ 136

Canon Perpetuo a 3 Voci for a Xmas Card
（为贺年片写的三部无终卡农）/ 138

思乡 / 139

春思曲 / 140

玫瑰三愿 / 141

花非花 / 142

雨后西湖 / 143

下江陵 / 144

点绛唇·赋登楼 / 145

燕语 / 146

卜算子·黄州定慧院寓居作 / 147

南乡子·登京口北固亭有怀 / 148

天伦歌 / 149

谁养我 / 151

卡农歌 / 153

淮南民谣 / 154

中华职业学校校歌 / 155

Cradle Song（摇篮曲）/ 156

孤燕 / 158

黄鹤楼 / 160

采莲曲 / 161

Vocal Fugue for S.A.T.B.（四部声乐赋格）/ 163

抗敌歌 / 164

民谣 / 166

切记分明 / 168

赠前敌将士 / 169

旗正飘飘 / 170

九一八 / 172

军歌 / 173

学生国货年歌 / 175

睡狮 / 177

黄花岗先烈纪念日 / 179

北望 / 180

热血歌 / 181

四时渔家乐 / 183

采莲谣 / 185

送毕业同学 / 186

秋色近 / 187

摇篮曲 / 188

春游 / 189

斯盛学校校歌 / 190

中华职业教育社之歌 / 191

目莲救母 / 193

秋声 / 194

破车瘦老的马 / 195

春郊 / 197

中国男儿 / 198

A Chinese Popular Tune（中国俗曲）/ 200

新中国的主人 / 201

游戏 / 202

农歌 / 203

秋郊乐 / 204

本事 / 205

踏雪寻梅 / 206

欢迎运动员凯旋 / 207

蝴蝶 / 208

挖泥沙 / 209

不容易 / 210

春风 / 212

三样早 / 214

养蚕 / 215

牛 / 217

你可知道 / 219

吃巧果 / 222

一张白纸 / 223

互助 / 224

雪人 / 226

毕业别 / 227

西风的话 / 228

新年 / 229

晨歌 / 231

好学生 / 233

问问猫 / 234

跷跷板 / 235

菱儿 / 236

上海市立务本女中附小校歌 / 237

天津市立师范附小校歌 / 238

始业式 / 239

朝会歌 / 241

长恨歌（Song of Eternal Lament）/ 242

黄自器乐作品 / 249

器乐独奏作品 / 251

器乐重奏作品 / 252

乐队作品 / 253

附　录 / 255

黄自作品列表 / 257

人员信息 / 262

大事记 / 266

说
自

深深的怀念
——写在父亲黄自百年诞辰之际

黄德音 黄惠音 黄祖庚 [①]

2004年3月23日是父亲诞辰一百周年纪念日，我们深情地凝视着那张悬挂了几十年的父亲的照片，百感交集。1938年，父亲才三十四岁，在他应该作出更多贡献的时候，却留下未竟的事业和他深爱的亲人过早地离开人世。当时我们兄妹三人最大的才六岁，最小的还不足九个月。父亲的英年早逝使我们对他的印象十分单薄，但是，从母亲和亲友那里，我们了解了他短暂却不平凡的一生，由此，父亲崇高的形象长久、牢牢地树立在我们心中，我们十分崇敬他，更深深地怀念他。

父亲是我国著名的作曲家和音乐理论家。他是第一个系统全面地向国内学子传授欧美现代专业作曲理论，并且有着建立中国

---

① 黄德音，上海交通大学教授、博士生导师；黄惠音，曾任中国电波传播研究所高级工程师、质量处处长；黄祖庚，曾任上海音乐学院附中校长。

民族乐派的抱负的音乐教育家。他留学美国时的毕业作品——管弦乐序曲《怀旧》是我国第一部交响音乐作品，也是最早在国外演出的中国交响乐作品。他为左翼进步影片《都市风光》谱写的片头音乐《都市风光幻想曲》是我国第一部具有专业水平的电影音乐。他所作的《抗敌歌》和《旗正飘飘》是我国最早的两首抗日救亡主题合唱歌曲。他所作的《长恨歌》是我国最早的清唱剧。

父亲为后人留下了 94 首包括交响乐、室内乐、清唱剧、合唱、独唱、教材歌曲等在内的多种体裁形式的音乐作品；15 篇涉及理论创作、批评、欣赏、作家、历史等的音乐论著；56 讲有关音乐常识的课文；3 部未完成的音乐书稿。他还创办音乐社团，主编音乐杂志、音乐副刊、音乐教材，为电台组织音乐节目，撰写音乐广播稿等。

父亲能够在不到十年的时间里，在繁忙的教学工作之余完成以上诸多工作，除了因为他具有广博的知识及多方面的艺术素养，有勤奋好学、锲而不舍的精神以及对音乐事业的挚爱外，更重要的是父亲具有强烈的爱国心，他决心把所学到的西洋作曲技术运用到我国民族音乐的创作中去。他视发展中国自己的音乐为己任，他要努力完成这个历史使命。

1904 年 3 月 23 日（农历二月初七），父亲诞生于江苏省川沙县。据姑姑回忆，父亲自小就爱唱歌，而且一首首都唱得很熟。姑姑听奶奶说，1907 年正月，不满三周岁的父亲就会背诵《大学》中的段落。1916 年，父亲离开上海入北京清华学校。在清华的同学中，周培源、冀朝鼎、梁思成、罗隆基等都是父亲的挚友。在校期间，父亲还参加了清华的童子军笛鼓队，又在管弦乐队中吹单簧管，在合唱队中唱男高音，并师从何林一夫人（清华教师）学钢琴，师从王文显夫人（清华教师）习和声。所有这些活动使父亲接触了西洋音乐，进一步培养了对音乐的兴趣。1924年，父亲从清华学校毕业，并以优异成绩获准官费（即"庚子赔款"）留学美国，入俄亥俄州欧柏林学院攻读心理学（当时官费留学中没有音乐学生的名额）并以音乐为副科。1926年他从欧柏林学院毕业，获文学学士学位。由于学业成绩优秀，毕业时被提名为"法·培德·嘉派学会"会员（这个组织自十九世纪末以来已变成一个学术荣誉组织）。据了解，该会只选四年都在本校就读和成绩特别优秀的学生，即在应届毕业生中占八分之一的高材生入会，插班生要成绩过人才能予以考虑（清华毕业生尤其是文科生，一般都只能以插班生的资格入美国学校念大学三年级，父亲的情形正是如此）。父亲不但是插班生，还是该届三十人中唯一的东方人。接着，父亲又留在欧柏林学院继续攻读理论作曲和钢琴。

1928年，父亲转学至耶鲁大学音乐学院。当时耶鲁大学音乐学院实行三二制，即念三年颁给证明，再念两年高级课才授予学位，一共要念五年，插班生一般要念两年。父亲于1928年9月入学，次年6月毕业获音乐学士学位，可以算是比较特殊的例子。父亲在耶鲁一年的最大荣誉就是他的作品获选在毕业音乐会上演出，并由耶鲁大学音乐学院院长、著名作曲家戴维·斯坦利·史密斯（David Stanley Smith）亲自指挥。1927年7月欧柏林学院的《校友》杂志上曾刊有一段采自当地地方报的内容："黄自的序曲《怀旧》是所有创作的管弦乐曲中的佼佼者，该曲或许不像其他作品那么耀眼，但至少有一个中心乐念，并且表现出最佳配器手法，它同时也是音乐会中唯一令人充分欣赏的作品。"从耶鲁大学毕业后，父亲绕道欧洲回国。

1929年，父亲回国后最初在上海沪江大学（即现在的上海理工大学）附属中学担任音乐教员，第二年才被萧友梅先生聘为上海国立音乐专科学校专职教员并兼任教务主任。此外经上海公共租界工部局华人教育处处长陈鹤琴先生推荐，被聘为工部局音乐委员。父亲在"音专"工作了八年，直至1938年5月9日因病与世长辞。父亲在世上只度过了短暂的三十四个春秋，但是他留给我们很多宝贵的、值得我们永远学习的精神食粮。

一、父亲的爱国精神

1938年父亲去世后，在武汉音乐界举行的追悼会上，田汉同志曾代表当时的军事委员会政治部第三厅说："黄自是最有青年气的音乐家，他学习音乐的动机是为民族国家，和一般的学院派音乐家不同……"

父亲公费留美五年，学成后立即回国，并投身祖国的音乐创作和音乐教育事业。在发表于 1934 年 10 月 23 日上海《晨报》的《怎样才可产生吾国民族音乐》一文中，他明确提出："我们要发展中国自己的音乐，中国的新音乐决不是抄袭外国作品，或如西洋人用五声音阶作旋律的骨干便可以作成的，它必须由具有中华民族的血统与灵魂而又有西洋作曲技术修养的作者创造出来……"他努力探索着民族音调和民族风格的创造，并为祖国现代和古代诗人的诗歌作曲，他的爱国思想充分体现在对民族文化的重视和发展民族音乐的志向上。他努力创作民族题材和民族风格的音乐作品，编辑《音乐杂志》，创办上海管弦乐团，编写《复兴初级中学音乐教科书》。在《复兴初级中学音乐教科书》中的 69 首歌曲中，63 首是中国作品；在 17 课音乐史中，中国音乐史讲了 9 课。他为了撰写《中国之古乐》一文，从《礼记》《乐经》《尔雅》等古籍中收集了有关古代乐制和乐器的资料一千多则，在当时的历史条件下，这种重视民族音乐文化的表现是难能可贵的。

爱国歌曲是父亲全部声乐作品中最有社会影响力的部分。1929 年父亲从美国学成回国后，正是日本帝国主义步步入侵，中华民族危亡迫在眉睫的时候，父亲积极响应爱国人士的抗日救亡运动。1931 年"九一八"事变发生后，父亲激于爱国义愤，迅即亲自带领学生为东北义勇军募捐，并自作歌词且谱成了慷慨激昂的《抗敌歌》。1932 年 1 月 28 日，淞沪抗战爆发，革命老人何香凝为此写了壮怀激烈的《赠前敌将士》。父亲读后，立即谱成了歌曲，献给十九路军的抗日战士。不久，他又用韦瀚章的歌词谱写了悲壮激越的《旗正飘飘》。1933年3月底，"音专"师生利用春假去杭州举行"鼓舞敌忾后援音乐会"，父亲被推为主席。母亲曾说父亲还亲自担任这次音乐会的报幕员。除此之外，父亲还继续谱写了《切记分明》《民谣》《九一八》《睡狮》《热血》等十余首爱国歌曲，这些歌曲曾在群众中广泛传唱，影响较大，使父亲实现了以音乐来鼓舞全国人民的抗战斗志的意愿。"家可破，国须保；身可杀，志不挠"正是父亲爱国主义思想境界的真实写照。父亲对中国的抗日斗争怀有坚定的胜利信心，他曾说："现在我写抗敌歌曲，希望不久能再写庆祝抗敌胜利的歌曲。"可惜他在全民族抗战爆发后第二年就去世了，未能亲眼看到抗战的胜利。

二、父亲的敬业精神和献身精神

我们常常为父亲对自己所从事的音乐事业和教育事业的热爱、执着所感动。他具有献身精神，他孜孜不倦、一丝不苟，他认真严谨、任劳任怨。

上海音乐学院的老院长贺绿汀曾在回忆文章中写道："黄自先生以二十五岁的青年，在上海'音专'担任繁重的教务工作外，还把全部理论作曲课包括共同课都一人包下，从初级和声及键盘和声、对位法、曲体学、配器法、音乐欣赏、音乐史一直到自由作曲他都教，他除了繁重的教学工作外，还从事各种音乐形式的音乐创作，甚至和他的学生共同编写中小学音乐教科书，创作大型的合唱曲、爱国歌曲、艺术歌曲以及电影音乐。"

母亲也曾回忆说，父亲对教学工作是非常认真严肃的，当时他要讲好几门课，这些课对他来说是非常熟悉的，但他还是把绝大部分的时间用来备课，甚至有时一直工作到深夜。对此，母亲有些不理解，有一次问他："这些课你不是早就熟悉了，为什么还要花这么多时间来准备呢？"父亲摇了摇头，很严肃地说："不对，你自己懂了还没有用，只有充分准备后，到上课时才能吸引学生的注意，让他们真正吸收进去。"一次，他病了，得了阿米巴痢疾，每天早晨腹痛，而且像有规律似的，总是在要到学校去时痛得特别厉害。母亲曾多次劝他请几天假，找医生治疗一下，他始终不肯，只是在腹痛时躺着用热水袋焐一下，就又赶去上课。每次上音乐欣赏课前，他总是把要讲的唱片反复地听好几遍。他常对学生说："你们努力，我比你们更努力。"

对撰写音乐论著和创作工作，他也非常认真。为了编写《西洋音乐史》和《中国之古乐》，他不厌其烦地收集各种史实和资料，可惜因为他的早逝，以上二书均未写成。他对我国民族音乐是十分重视的，他曾听说苏州某处有一古老的道教庙宇，就特意赶去，聆听古老的道教音乐。从他的遗稿中也发现，早在1914年，他还在清华学校求学时就参观了在北京天坛举行的"古物展览会"，并作了详细记录，甚至把古代乐器的详细构造、尺寸都记了下来。

母亲还说父亲平时专心于音乐教育、音乐创作，难得到街上去"闲逛"，有一次却破例了。当时上海电通影业公司要拍摄一部描写上海面貌的影片（就是后来的《都市风光》），要求父亲为这部片子写插曲，父亲答应了电影公司的要求。为了更多地体验生活，他一反常态，多次要母亲陪他在晚上去当时的大马路、新世界一带看看。

父亲对创作的态度也是极其认真严肃的。当他拿到一首歌词时，他总要把歌词中的每一字、每一句的声韵搞清楚。父亲是上海人，普通话有时咬字不准，他就让母亲一遍遍地念给他听，有时还在字旁注上声韵符号，以求完全正确。父亲做事非常严谨、仔细，就连他自己的书桌、书柜也是根据自己工作的特点专门设计的。乐谱买来后，他也要重新装订成统一的格式，只是封面的颜色因乐谱种类的不同而不同。可惜的是，由于多次社会动乱，他的遗物大部分已经损坏或流散了。更令人难以忘怀的是 1938 年 5 月 9 日，父亲因肠出血而生命垂危，尽管他的病床旁站满了自愿来输血的亲友和学生，但为时已晚，父亲最后对母亲说的话是："快去请医生来，我不能就此死去，还有半部音乐史没有写完呢！"

由此可见，父亲心中装的全是他的事业。

三、父亲的高尚品德和师生情义

凡与父亲接触过的亲友、同事和学生都认为父亲为人正直、淳朴、谦虚、诚恳、勤奋好学、诲人不倦。

著名音乐学家钱仁康先生曾回忆说：黄自先生的学识非常渊博，但他总是虚怀若谷，从不骄逸自满，非常尊重同辈和先辈人物，从无倨傲和忌妒之心。他在《调性的表情》一文中，再三推崇赵元任先生的歌曲，讲课时也常常以赵先生的作品为范例。他对我国音乐界老前辈沈心工先生也很敬仰，曾为他的歌曲写伴奏，为他的歌曲作序……黄自先生从不斥责学生，修改学生的作业时，总是说"这也许不是最好的办法""这样固然也可以，但我喜欢这么改"。他在课外与同学相处时，没有师长的倨傲，甚至不以师长自居。1936 年发动组织上海管弦乐团时，每次写条与学生商谈事情，他都以兄弟相称。

母亲也曾向我们说过，父亲的性子很静，温和，稳重，看上去似乎沉默寡言、很严肃，但是和他接触一多，就可以发现他待人非常诚恳、和善、热情，也常常谈笑风生，在与学生接触时就更健谈。学生都喜欢接近他，经常有学生到家来，有时个别地来，有时三五成群地来，有时是一大伙一齐来。一般学生都是晚间来的，来了以后，大半是谈谈学习方面和音乐方面的问题，有时也玩桥牌或其他游戏。此时，工作或上课时显得十分严肃的父亲就会像二十岁左右的青年一样活泼。

父亲喜欢学生，学生也喜欢他，钱仁康教授还说，父亲对学生关怀备至，并乐于在各方面给予帮助。1931 年，马国霖同学的经济发生困难，交不出学费，正为将要辍学而苦恼时，忽然接到父亲的一封信，其中放入替他缴了学费的收据和入学证，这事使他十分感动。人们都说"做黄自先生的学生真太幸福了"。

还有父亲的学生这样回忆："我们都很怕黄自先生，每次他给我批改和声习题的时候，如果我做得好，他就一面在钢琴上弹，一面微笑地点着头。如果我做得不好，他仍是微笑着，但不是点头，而是慢慢地摇着头。"

父亲对学生的感情是真诚的，学生对他的敬爱也使他感动。母亲曾告诉我们，在父亲去世前，经常有学生到医院探病，学生走后父亲常常被他们的热诚关心所感动而低声哭泣。

父亲的生活非常艰苦朴素，母亲告诉我们，当时"音专"离家并不近，但父亲总是步行来回。父亲在家总是穿旧衣服，外出穿的衣服也不多，但他总要注意自己的衣服是否干净、整洁。

父亲就是这样为我们树立了榜样。父亲的一生是短暂的，但他为我国音乐事业的发展作出了不可磨灭的贡献。

黄自的生活、思想和创作

钱仁康

一、童年时代

1904年3月23日，黄自先生出生于江苏川沙县城"内史第"中的一个小资产阶级的职员家庭，父亲是同仁辅元堂的会员。他在髫龄时就接受了家庭中的音乐教育，并显示出对音乐的兴趣和才能，他自己在叙述最初学习唱歌的情况时说：

记得二三岁时，父亲买了几本唱歌书回来，母亲常抱着我唱那书里的"摇摇摇，囡囡要睡了"及"小小船，小小船，今朝聚会赛一赛"等歌。不久我也就学会了好几首。七岁我进上海初级小学读书，记得上第一课唱歌，先生教的是卖花歌，什么"清早起，清早起，到园里，采几朵花来做小生意"。我在小学前后共五年，这时期中所学会的歌不下五六十首。因为我自小就很爱唱歌，所以，一首首都唱得很熟，就是到现在大致都还能记忆。①

这里所说的"摇摇摇，囡囡要睡了"，是我国近代最早的音乐教育家之一沈心工先生选用一首日本歌曲的曲调所配的歌词；"小小船，小小船，今朝聚会赛一赛"是沈心工先生选用一首德国民歌的曲调所配的歌词；"清早起，清早起，到园里，采几朵花来做小生意"也是沈心工先生选用西洋曲调所配的歌词。幼年时期的黄自先生从这些歌曲中不仅接受了最初的音乐教育，也接受了最初的品德教育——培养勇敢、诚实等美德和培养劳动观点的民主主义教育。沈心工先生在二十世纪初为我国最初的新型学校所编的《学校唱歌集》除了选用西洋和日本曲调，配上宣扬爱国主义和民主主义的歌词外，也采用我国民歌的曲调另作新词，并介绍了我国近代第一批作曲家朱云望、朱织云、许淑彬和沈先生自己所作的曲。给黄自先生的稚小的心灵播下最早的种子，使他后来爱好民间音乐并怀着发展民族音乐的伟大志向的，就是这些歌曲。

黄自先生幼年时不仅喜欢唱歌，还喜欢文学，特别是我国古典诗人的诗歌。他自己曾说过：

> 我小的时候，最喜欢读白乐天的《琵琶行》。当时年幼，

———————

① 参见 1936 年为《心工唱歌集》所作的序。

连字的意义都不能完全了解，更谈不到什么领略诗中深意。我喜欢他，只因为他的音节铿锵，念起来非常好听。[1]

这种对于诗歌的爱好，在青年时期的黄自先生那里得到了发展，并成为后来他的音乐创作中的重要因素。他的音乐创作的主要体裁是诗歌和音乐相结合的声乐作品。在《怀旧》等器乐作品中也充满了富于诗意的抒情性和歌唱性，他喜欢用我国古代诗人、词人如李白、白居易、王灼、辛弃疾、苏轼等人的诗词作曲；韦瀚章具有古风的诗歌，也是他的创作中的重要素材，他还用韦瀚章根据白居易的名诗而写的《长恨歌》创作了未完成的康塔塔。他对古今诗歌有深刻的理解，这不仅反映在音乐创作中，也反映在他善于引用诗句解释音乐作品这一点上。

二、青年时代

黄自先生在十二岁（1916 年）时进北京清华学校读书。他对音乐产生了极大的兴趣，很早就参加了童子军的笛鼓队。在清华学校学生的管弦乐队中，他是单簧管的吹奏者。在合唱队中，他演唱男高音的声部。他不但在音乐表演上具有各方面的才能，就是对音乐史，也很早就表现出浓厚的兴趣。有一次北京天坛举行古物展览会，他在参观的时候，对古代乐器特别感

---

[1] 见《乐艺》第一卷第一期（1930 年 4 月 1 日）《音乐的欣赏》一文。

兴趣，曾把它们的构造详细记在笔记本上。

十七岁（1921 年）时，他开始从何林一夫人学钢琴，从此有系统地接触到西洋音乐的经典作品，为后来专业的音乐学习打下了基础。当他接触到西洋的多声部音乐的时候，马上产生了新的求知的欲望，因此第二年（1922 年）又从事和声学的学习，这是他学习音乐理论和作曲的正式的起端。

青年时代的黄自先生的兴趣是多方面的：他喜欢音乐，也喜欢文学、美术、哲学和历史，写得一手柳公权体的楷书。一个多才多艺的青年，选择自己的志愿是不容易的，同时在处于半殖民地半封建社会的旧中国，音乐是被目为没有出息的玩意儿的。青年时代的黄自先生虽然酷爱音乐，由于种种原因，当毕业于清华学校时，选定的专业是心理学而不是音乐。

1924 年秋，二十岁的黄自先生渡美入欧柏林学院学心理学。欧柏林是俄亥俄州的一个小城，居民只有五千人，而欧柏林学院的师生却占了三分之一以上。学院中设有著名的音乐学院，宏伟的来斯堂和华涅堂经常举行演奏会，这就使得这个风景优美的湖畔小城，成为一个文化城和音乐城。欧柏林学院是一所男女同学的、非宗派主义的学府，这个具有比较开明的学术空气的，同时又传播着资产阶级唯心主义学说的学院，对于黄自先生的思想和性格的发展起着很大的作用；而学院中浓厚的音乐空气尤使本来就具有卓越的音乐才能并已对音乐产生巨大兴趣的黄自先生终于改变了他的专业，他在 1926 年获得文学学士的学位后，留校继续学习理论作曲和钢琴，两年后又转学到耶鲁大学音乐学院。

黄自先生这一时期学习作曲的收获，总结在他的交响序曲《怀旧》中。这部抒情性的序曲完成于 1929 年 3 月 13 日，是为了纪念他已死的爱人胡永馥而写的。胡永馥是他在欧柏林学院时的同学，1927 年回国后不久就因心脏病死于上海。1929 年 5 月 31 日，《怀旧》首次演出于耶鲁大学的毕业音乐会，由耶鲁音乐学院学生和新哈文交响乐队合作演出，耶鲁音乐学院院长、指挥家兼作曲家戴维·斯坦利·史密斯指挥。

《怀旧》是我国作曲家所写的第一部交响作品，它在美国的初次演奏获得了很高的评价。黄自先生通过这部作品的演出取得音乐学士的学位后，就在这一年（1929 年）的 6 月间经欧洲返国，途中游历了英、法、荷、意等国。他在米兰观看了文艺复兴时期的名画，对艺术大有心得，回国后不久（1929 年 12 月 3 日）在上海美术专门学校演讲《音乐的欣赏》[①]时，还提到在米兰圣玛利亚教堂看达·芬奇的名画《最后的晚餐》时的体会。

三、回国以后

黄自先生初回国时在沪江大学教课，后来才在上海国立音乐专科学校兼课。第二年（1930 年），他辞去了沪江大学的职

---

① 讲稿发表于《乐艺》第一卷第一期。

务，专任"音专"的教授兼教务主任。从这时起，到1938年去世时，黄自先生为中国音乐文化和音乐教育事业作出了不少的贡献，不仅培养了许多音乐理论和作曲人才——今天在中国社会主义音乐文化建设事业中起着积极作用的作曲家、音乐理论家和音乐教育家中，很多是黄自先生的学生——还创作了不少优秀的作品。他在"音专"的前七年担任了工作异常繁重的教务主任的职务，同时教授所有音乐理论和作曲的课程，包括音乐欣赏①、音乐史、和声学、高级和声学、和声分析、键盘和声、单对位法、复对位法、赋格学、曲式学、配器法、自由作曲等。在这样繁重的工作下，黄自先生还经常从事创作和社会音乐活动。1931年11月的《抗敌歌》，1932年4月至6月间的《赠前敌将士》《思乡》《春思曲》等歌曲，1933年的《旗正飘飘》以及1934年的康塔塔《长恨歌》等，都是优秀的爱国主义作品和抒情作品。1932年至1935年间，黄自先生接受商务印书馆的委托，和张玉珍、应尚能、韦瀚章诸先生合编《复兴初级中学音乐教科书》六册，黄自先生本人担负了这一工作的主要部分——编写"和声"和"欣赏"并组织教科书中所需歌曲的创作。六册教科书的69首歌曲中，由黄自先生自己作曲的有28首；其中有《九一八》《睡狮》等爱国歌曲，有《雨后西湖》《秋郊乐》《本事》《秋色近》《西风的话》《燕语》《采莲》等写景和抒情的歌曲，有

---

① 当时称为"领略法"。

《峨眉山月歌》《花非花》《点绛唇》《南乡子》《卜算子》等用古代诗词写作的歌曲，也有《卡农歌》《淮南民歌》等复调歌曲。在这一时期，黄自先生还和萧友梅、易韦斋两先生合编《音乐杂志》，撰写《勃拉姆斯》《乐评丛话》《调性的表情》《介绍给一般听众的五张声乐唱片》等文字，其中《勃拉姆斯》一文介绍了这位浪漫派作曲家的生活和性格，并论述了他的各种体裁的作品，长达两万字。同时，黄自先生还参加了中学音乐教材的编订工作，为《孤燕》《秋声》《破车，瘦老的马》《春郊》《黄鹤楼》《中国男儿》等歌曲配置和声或伴奏。

四、远大的志向和未竟的事业

　　1935 年冬，黄自先生发起创办上海管弦乐团，并担负起这个乐团的领导工作。当时的上海工部局交响乐队是一个完全操纵在殖民主义者手里的音乐团体，指挥和重要队员都由外国人担任，少数中国队员是完全没有地位的龙套。黄自先生虽也被聘任为"上海工部局音乐委员"，但那些洋人根本不把他放在眼里。给这个乐队提供经费的纳税人是中国人，但殖民主义者最瞧不起的就是中国人，中国人的作品几乎没有演奏的机会，音乐会的节目不是以中国人为对象的，绝大多数的中国音乐爱好者买不起这个乐队的音乐会的票；因此，华人纳税会一再提出撤消这个乐队。黄自先生站在中国人的立场上，也同意这个主张。中国的音乐文化必须由中国人自己来建设，黄自先生大声疾呼道：

> 将来如果有力者能够高瞻远瞩，注意到民族整部文化的发展，给予它充分的培养扶植，则几十年后未始不有粗枝大叶、红花硕果的收获，像俄罗斯近代音乐的突飞猛进，抗衡于德、奥、意、法那样。"有志者事竟成"，这确有待于现在一般爱护音乐者与研究音乐者的努力啊！ ①

可是，当时的国民党反动政府并不是重视民族音乐文化发展的高瞻远瞩者，他们甚至不愿意花钱来办一个中国人自己的管弦乐队。黄自先生不得不以艰苦奋斗的精神，在"音专"理论作曲组同学的协助下，赤手空拳地创办了一个中国人自己的管弦乐队。1936 年的春天，由中国人指挥、中国人演奏的贝多芬《第五交响曲》毕竟在威海卫路②"音专"同学谭小麟的家里排练起来了。

---

① 见《复兴初级中学音乐教科书》第二册第十八课《近世音乐之趋向》。这部教科书是黄自、张玉珍、应尚能、韦瀚章四人合编的。第二册中关于中国音乐史的部分虽不能肯定完全出自黄自先生之手，但根据下列两点，可以断定至少是经过黄自先生校订的：（一）第一课《中国音乐之起源》引证瓦拉舍克（Richard Wallaschek）"音乐本生物节奏运动而起"之说，黄自先生的遗稿《西洋音乐史》中也有同样的引证；（二）第十八课《近世音乐之趋向》中的见解和 1934 年 10 月 23 日黄自先生发表于《晨报》的《怎样才可产生吾国民族音乐》一文的精神很是吻合。

② 今上海市威海路。——编者注

　　黄自先生在担任繁重而紧张的教学工作之余，还积极从事艺术实践，进行科学研究，参加社会活动；他的忘我劳动的精神，在大家鼓足干劲建设社会主义新中国的今天，是值得音乐工作者学习的。

　　1937年秋，黄自先生辞去了"音专"教务主任的职务，准备大力进行科学研究工作。他首先要完成的，是早就准备编写的《和声学》和《西洋音乐史》两书。这时抗日战争全面爆发，上海沦为孤岛，黄自先生在教课之余，发愤著书，一面完成了《和声学》的初稿38课，一面从事《西洋音乐史》的编写，从1937年秋天起，到1938年4月8日发病，写成了重要音乐家的生卒年代表7页，世界史、本国史和音乐史的对照年表10页（至十五世纪），中文和外文的参考书目4页，以及《绪论》《古文化国之音乐》《最初之基督教音乐》《复调音乐之兴起与记谱及理论之进步》《中世之俗乐与乐器》《复调声乐之全盛》等六章，共134页的初稿。1938年4月8日，黄自先生得了曾经折磨死莫扎特和舒伯特的伤寒病。三星期后，病况好转，但不久终因肠出血而恶化。黄自先生1938年5月9日上午7时30分死于上海红十字会医院，享年不过三十四岁。他在医院里对黄夫人汪颐年先生最后所说的话是："快去请医生来，我不能就此死去，还有半部音乐史没有写完呢！"像这样一位有高度创作水平和文化修养，有发展民族音乐的远大志向的音乐家，竟在大有可为的壮年，留下了未完成的《西洋音乐史》和无数未完成的工作而死去，实乃中国音乐文化事业的莫大的损失。

五、爱国主义和民主主义思想

黄自先生从小受祖国文化的熏陶和爱国主义的启蒙教育，在公费留美的五年中，并没有忘记祖国人民对他的培养。在美国学习音乐时，他偏重于技术的锻炼，创作的是弦乐四重奏、二部创意曲、赋格曲①、《怀旧》序曲和一些歌曲②。回国以后，他立即显示出创作方向的转变，决定使自己的创作和祖国的文化相联系，他探索着民族音调和民族风格的创造，用祖国现代和古代诗人的诗歌来作曲，因此，作品的体裁立即从器乐转向声乐；即使偶尔写器乐曲，也是像《都市风光幻想曲》（电影音乐）那样反映都市生活的标题性作品。

尤其重要的是，当 1931 年"九一八"事变发生后，他马上响应爱国人民的抗日救亡运动，把音乐作为鼓舞人民战斗意志的武器。就在这一年的 11 月，黄自先生和韦瀚章合作歌词，写成了激昂慷慨的《抗敌歌》③。这和黄自先生过去的抒情性作品大不相同；这种英雄气概的爱国主义作品的出现，标志着黄自先

---

① 《D 小调弦乐四重奏》和《降 B 大调二部赋格曲》过去没有发表过。《G 大调二部创意曲》及《C 大调二部创意曲》初次发表于《乐艺》第一卷第一期。
② 现存的留美时期所作的歌曲只有《甘美的老酒》一首，见《黄自独唱歌曲选》（上海音乐出版社，1957 年）。
③ 《抗敌歌》的第一段歌词是黄自先生自己写的。

生创作上的转折点。他还带学生到浦东一带去为东北的义勇军募捐，积极参加抗日救亡运动。

1932年，"一·二八"淞沪抗战爆发。黄自先生在4月间[①]用何香凝的歌词写《赠前敌将士》歌，献给十九路军的抗日战士。其后又写了爱国主义的合唱曲《旗正飘飘》《军歌》和学生歌曲《九一八》《睡狮》等。1933年3月底，"音专"师生利用春假去杭州举行"鼓舞敌忾后援音乐会"，黄自先生被推为主席。这时日本侵略者在蒋介石的不抵抗主义下兵不血刃地占领了热河，进一步向长城各口大举进攻，爱国人民响应中国共产党在瑞金发表的团结抗日的号召，纷纷参加游击队，抵抗侵略。3月31日，"音专"师生在西湖大礼堂演出，最后的节目就是黄自先生的《抗敌歌》和《旗正飘飘》。当时的报纸评论这两部作品说："悲壮激昂，闻者奋起，鼓舞敌忾，可谓名副其实矣。"[②]

黄自先生对于中国人民的抗日斗争，是有坚定的胜利的信心的，他说："现在我写抗敌歌曲，希望不久能再写庆祝抗战胜利的歌曲。"可惜他在全民族抗战爆发的第二年就与世长辞，竟不能亲眼看到战争的胜利！

1934年12月，黄自先生的五首爱国合唱歌曲合为一集，由商务印书馆出版。在这之前，《抗敌歌》和《旗正飘飘》已由胜利公

---

① 手稿上所记的创作日期是"二十一，四，二十六"。
② 见上海《中华日报》（1933年4月13日）。

司灌成了唱片。这些歌曲在抗日救亡运动中，特别是在抗日战争时期，鼓舞了爱国青年学生的战斗意志。"一·二八"淞沪抗战爆发以后，我国人民掀起了提倡国货、抵制帝国主义者经济侵略的爱国运动，并定 1933 年为"国货年"，1934 年为"妇女国货年"，1935 年为"学生国货年"。黄自先生在 1935 年年初[①]用黄炎培先生的歌词写作《学生国货年歌》来配合这一爱国运动。

黄自先生的爱国主义精神除了表现为写作爱国歌曲外，还表现为对于民族文化的重视和发展民族音乐的志向。他在讲授音乐史时，要学生学习挪威的格里格和俄罗斯的"强力集团"，创造自己的民族音乐。他说："我们要发展中国自己的音乐，中国的新音乐决不是抄袭外国作品，或如西洋人用五声音阶作旋律的骨干便可以作成的，它必须由具有中华民族的血统与灵魂而又有西洋作曲技术修养的作者创造出来。"他在《复兴初级中学音乐教科书》中的《近世音乐之趋向》一课（见本章"远大的志向和未竟的事业"一节）和为《晨报》写的《怎样才可产生吾国民族音乐》一文（见本章"美学观点"和"现实主义的创作方法"两节）中表达了发展民族音乐的鲜明的见解。他努力创作民族风格的音乐作品（见本章"现实主义的创作方法"和"创作上的成就"两节），编辑《音乐杂志》，创办上海管弦乐团，编辑《复兴

---

① 1935 年 3 月 29 日，这首歌曲由上海国立音乐专科学校在上海中西电台的播音节目中初次演唱，估计作于这一年的年初。

初级中学音乐教科书》。在《复兴初级中学音乐教科书》中的69首歌曲中，63首是中国的作品；在17课音乐史中，中国音乐史讲了9课。他为了撰写《中国之古乐》一文，从《礼记》《乐经》《尔雅》等古籍中收集了有关古代乐制和乐器的资料一千多则。在当时的历史条件下，这种重视民族音乐文化的表现是难能可贵的。

由于阶级出身和长期受资产阶级教育，黄自没有认清发展民族音乐文化需要怎样的政治条件，不了解中国共产党所领导的民主革命的性质。但他有一次和贺绿汀同志谈到中国的前途时，说了一句意味深长的话。他说："中国的未来不是共管，就是共产。"他已意识到国民党反动统治将使中国沦为帝国主义者共有的殖民地。

黄自先生曾替黄炎培先生作词的《中华职业教育社社歌》《谁养我》等作曲。《谁养我》是一首表现像鲁迅所说的"俯首甘为孺子牛"那样的民主思想的歌曲。黄自先生为影片《天伦》所作的主题歌《天伦歌》也是一首充满人道主义精神的民主性作品。

黄自先生对于在思想上麻醉人民的黄色歌曲表现出极大的憎恨。他在《复兴初级中学音乐教科书》第二册《近世音乐之趋向》一课中指责国民党政府对音乐教育"无整个计划，致二十余年来音乐教育竟无些微成绩，反让牟利之徒借此机会介绍许多中西的淫猥辞曲，薰染全社会成有歌皆浪、无声不淫的趋势。假使不及早把这种恶劣趣味习尚消极的予以制止，积极的提倡高尚雄伟的音乐来代替，则将来民族的颓废堕落，其不知会到什么地步"。《介绍给一般听众的五张声乐唱片》一文^①，是针对文中所说的"无聊的爵士音乐与肤浅的电影歌曲"的泛滥而作的。在《心工唱歌集》的序文中，黄自先生也慨叹道："社会上正流行着《毛毛雨》一类的歌，而学校中也争唱着这类香艳的调，我所要的歌书，坊间竟已绝迹！"

为了提高群众音乐水平，传播高尚的音乐，黄自先生做了一系列启蒙工作——编初中音乐教科书、音乐杂志，撰文介绍通俗的西洋歌曲唱片，写电影歌曲、学生歌曲、儿童歌曲，并为中学歌曲配置伴奏和合唱谱。1933年4月2日上海国立音乐专科学校师生在浙江省立民众教育实验学校举行音乐会以后，上海的报纸评论说："此次节目，每曲均由黄自先生加以说明，使听众明了各曲之作者及结构，此举诚为中国音乐中之一大贡献，深望该校以后凡举行合奏会时，亦加以此项说明，使一般听众，得以心领神会也。"^②举行音乐会时由专人解说每一个节目，在苏联已成为惯例，但在我国还很少这样做。1935年4月，黄自先生为汉口电台编写了一部音乐欣赏的讲稿，包括《导言》（Ⅰ.音乐欣赏的三方面，Ⅱ.音乐与其他艺术不同之点）、《音乐的要素》（Ⅰ.节奏，Ⅱ.曲调，Ⅲ.和声，Ⅳ.音色）、《音乐的表

① 见《音乐杂志》第四期（1934年10月15日）。
② 见上海《中华日报》（1933年4月13日）。

情》(Ⅰ.具象的，Ⅱ.抽象的)、《音乐的结构》(Ⅰ.动机，Ⅱ.乐段，Ⅲ.主要曲体) 四部分，其中列举了许多比较通俗的西洋乐曲。诸如此类的社会音乐教育和启蒙工作，黄自先生总是非常热心地积极从事。

黄自先生对于工作是非常认真负责的，他经常备课到深夜，就是对于已经教了好几遍，教得很熟练的音乐欣赏也是如此。黄夫人汪颐年先生问他为什么要花那么多的时间去准备教熟了的课，他的回答是："你自己懂了还没有用，只有充分准备后，到上课时才能够吸引学生的注意，让他们真正吸收进去。"

他在教和声学时，常常为一个题目配许多种不同的和声，作为示范，印成讲义，发给学生。他几乎从来不请假，有一次患阿米巴痢疾，腹痛很厉害，还是坚持到校上课，他对学生说："你们努力，我比你们更努力。"

他待人接物时的态度总是那么和蔼可亲。他喜欢接近学生，学生也喜欢接近他。他对学生非常关怀，并乐于在各方面给予帮助。1931年，马国霖同学的经济发生困难，交不出学费，正为将要辍学而苦闷时，忽然接到黄自先生的一封信，其中放了一纸替他缴了学费的收据和入学证，这事使他非常感动。人们都说"做黄自先生的学生真太幸福了"。

他的学问非常渊博，但从不骄傲自满，总是十分谦逊和虚心。他在《调性的表情》一文中再三推崇赵元任先生的歌曲，在讲课时也常常把赵先生的作品作为范例。他对我国音乐教育界老前辈沈心工先生也很尊重，曾为他的歌曲写伴奏，为他的歌集作序。他甚至对自己的学生也很谦虚，写便条时常常以兄弟相称，修改作业时总是说"这也许不是最好的办法""这样固然也可以，但我喜欢这么改"。

他的生活非常艰苦朴素。初到"音专"工作时，校址在毕勋路（今汾阳路），那时他住在金神父路（今瑞金一路），经常步行来回。学校迁到江湾市中心区后，他住在邮亭里，每日骑自行车来往。他常穿布长衫，常跑旧书店。有一次以作曲家姓名的字母为序，写了好几张纸的书名，交给老西门一家旧书店，要他们替他留意他所需要的乐谱。

黄自先生这种诚恳、谦虚的态度，勤俭节约、刻苦钻研的精神，也是值得我们学习的。

六、美学观点

黄自先生的美学思想是矛盾的。他在《复兴初级中学音乐教科书》第一册《音乐的内容与外形》一课中说：

> 在"标题音乐"中，音题①每附有文字的注释，这样可以指示听者们一个思索的范围。且在"纯正音乐"中，它无非是几个"乐音"的特殊组织而已，我们不能借语言来申达

①"音题"指"主题"。

它的意义。

　　由音题的结合与变化，便产生了"曲体结构"——音乐的外形。外形是技术上讲求音题的联络、调和与对比，使它们的意义明显，而同时使全篇的组织精密和合理。

　　这样看来，在纯正音乐中，内容与外形是一而二，二而一，不可分辨的。

他在《音乐的欣赏》一文中也说："音乐的'内容'就是'乐意'[①]的种种变化。'乐意'的蜕化同时产生出曲体的结构——那就是外形了。"并引用英国评论家华尔脱·帕脱尔的话说："因为音乐的'内容'与'外形'是合而为一的，所以它是最高的艺术。"这种观点，和唯心主义美学家汉斯利克把音乐的内容理解为"运动着的音响的形式"，以及"我们只能在纯粹音乐的意义上去理解音乐的'内容'，也就是把内容作为音乐内部具体音响的综合"的见解[②]是一致的。因此，黄自先生又说："音乐的'内容'即是'乐意'的蜕化，音乐的意义当然就是音乐本身而不借题于外界事物。"（《音乐的欣赏》）"只有音乐……可不假一切具体的客观事象为媒介，单用本身的音响及音的结合方法传给人一种深厚优美的感情，这种利用天生丽质的作品就叫纯正音

---

① "乐意"指"动机"。
② 见汉斯利克《论音乐的美》。

乐。"(《音乐》第三册《标题音乐与纯正音乐之比较》)"独纯正音乐则不受外界任何约束与支配，她像叔本华说的'别自有一天地'。音乐的材料——乐音——并不是自然界中之镜像，乃由人类自由创造与选择的。她的内容完全由乐音的各种综合而产生。换言之，音乐的意义就是音乐本身。"(《乐评丛话》[①]) 这和汉斯利克"从来就不存在音乐创作的标本和原料，音乐上是没有自然美的"的论调如出一辙。

但黄自先生的美学观点有时往往和上述的唯心论的见解相矛盾。例如，他在《西洋音乐进化史的鸟瞰》一文中说：

> 果然"艺术是生活的表示"。一个时代的艺术，就表示一个时代的生活。试看欧洲中古时代荷兰派的宗教画，Gothic 的建筑[②] 和荷兰派、意大利派的复调音乐：这些岂不都是表示当时受约束于宗教，严守规律，思想不自由的反映吗？法国革命后，非但把政治的专横打倒，思想的独断也被推翻，艺术自然也大为解放，从前的谨守规律一变为尊崇个性的自由表情。所以"浪漫"运动无非是当时生活、思想的产物。
>
> 我们欣赏艺术作品，要具有历史眼光——要知道当时生活、思想是怎样，当时艺术家的理想的美是什么，

---

① 见《音乐杂志》第二期（1934 年 4 月 15 日）。
② 即哥特式建筑，指十二至十六世纪西欧的尖顶建筑。

和什么是当时艺术家用的技术。若使不如此，我们拿看 Cezanne① 的画的眼光去看 Van Dyck②，以听 Debussy③ 的音乐的耳朵去听 Palestrina④，我们必定同归于败。

　　他在《音乐》第一册《音乐的分类》一课中也说："纯正音乐与标题音乐……不是绝对对立的。标题音乐除去了它的标题当仍不失为完美的乐曲。反之纯正音乐的音题又何尝不是它内容的题目呢？不过一个是作者已将音题的概念译成了文字；另一个是还未译成文字——或者竟不能译为具体的文字罢了。"1934 年，黄自先生为《晨报》写过一篇《怎样才可产生吾国民族音乐》，发表于这一年 10 月 23 日的该报，文中说："一部分的人以为旧乐是不可雕的朽木，须整个儿的打倒，而以西乐代之。这些人的错误是在没有认清凡是伟大的艺术都不失为民族与社会的写照。旧乐与民谣中流露的特质，也就是我们民族性的表现，那么当然是不容一笔抹煞的。"这种"艺术是生活的表示""伟大的艺术都不失为民族与社会的写照"的见解，非常接近于十九世纪中叶俄罗斯革命民主主义者的美学思想；同车尔尼雪夫斯基所说的"美就是生活"，不过是所用的语汇不同而已。

---

① 塞尚是十九世纪法国画家，后期印象派之父。
② 凡·戴克是十七世纪荷兰肖像画家。
③ 德彪西，十九世纪末法国作曲家。——编者注
④ 帕莱斯特里纳，文艺复兴时期意大利作曲家。——编者注

　　黄自先生在教学工作和艺术实践中，是从来不否定音乐作品的思想内容的。他在分析作品时，总是力图发掘作品的思想内容。他在《音乐的欣赏》一文的"情感的欣赏"一节中指出："音乐可以感动人，当无异议；而有的音乐所表的情很是明显，也当疑问。"并举贝多芬所作《英雄交响曲》的第二乐章和《第九交响曲》的第四乐章为例，说"一哀一乐，不待我说明"，而舒伯特的《死神与少女》和《何处去》两首歌"一是沉郁幽闷，一是逍遥自在，尤是明显易闻的"。接着要我们从调性的差异、节奏的徐疾、句法的长短、音的强弱高低、和声的协和不协和与音色的配合等方面去体会音乐的感情和形象。并说：

　　　　作曲家作一曲，必定有所感于心故发为音。同时在他作品中，他必定无意中将自己的个性和盘托出。我们如其能知作曲家的生平、性格及其所以作此曲之理由，那么我们于他的作品，当可以有较深的欣赏。

　　最后举贝多芬的《第五交响曲》为例，要我们体会贝多芬"百折不挠，毅然奋斗"的精神；并引瓦格纳自己的话来说明《特里斯坦与伊索尔德》的创作动机。他在《调性的表情》一文中引申《音乐的欣赏》一文中所提到的调性的表现力，详细论述各种调式和不同调性的色彩与表情作用，调性色彩在物理和心理上的科学根据，以及转调时所引起的色彩变化，并举了许多作品作为例证。例如他指出在舒曼的浪漫曲《献词》(*Widmung*)中,"您是我的欢乐,您是我的苦痛"一句的"乐"字用明朗的大三和弦,"苦"字则把大三度改为小三度,而译词者为了押韵,把"苦"字移前一拍,放在大三和弦上,这就抹杀了舒曼的苦心。这几句话不仅对于作曲者和分析作品者都有启发性,对于翻译歌词者也是当头棒喝。在黄自先生自己的作品中,常常可以找到这种细致的表现手法,例如《春思曲》中"应是梨涡浅"的"浅"字用降半音和减七和弦来表达,《长恨歌》中《六军不发无奈何》一曲中"遥遥蜀道长"一句出现了升半音和增二度,表现道路的漫长和步履的艰难。《调性的表情》一文中又提到舒伯特的浪漫曲《您是我的安息》中"让您的光辉照亮我的眼波"一句从降 C 大调转入降 A 大调"很足以显出爱人'秋波那一转'的神光",并谦逊地说:"拙著《春思曲》'分色上帘边'一句也算是东施效颦了。"有一次,我用曾元允的《点绛唇》作了一首歌曲,最后突然由降六级上的调转回主调,黄自先生在上课时指出:"这里的转调太匆忙了,你的用意是不是要点出'一般芳草,只有归时好'的'归'字来?"这些仅仅是关于调性方面的例子,但已可以看出黄自先生多么重视音乐和歌词的关系,以及怎样细致地用音乐来表达歌词的内容。

黄自先生在讲授音乐欣赏的时候,并没有把他所说的"纯正音乐"当作毫不反映现实的、"别自有一天地"的东西,他总是力图发掘非标题音乐的内容,并常常借诗词来解释作品。我清楚地记得他在讲解莫扎特的《C 大调第 41 交响曲》的第二乐章时，就从"朱庇特"^①的名字出发，加以想象，说开头弦乐器加弱音器奏出的主题像描写孤处琼楼玉宇中的朱庇特的寂寞之感，并引苏轼《水调歌头》中的词句来形象化地说明主题的意境——"我欲乘风归去，又恐琼楼玉宇，高处不胜寒，起舞弄清影，何似在人间？"

黄自先生留美时期的前半段是在欧柏林学院学习心理学，受唯心主义哲学的影响是不小的，他在文章中流露出艺术不反映现实的美学观点，是不足为怪的。但这种美学观点和他的艺术实践是相矛盾的，因此，他力图克服唯心哲学的影响，有时又认为"艺术是生活的表示"。他的创作方法显然和这种现实主义的美学观点是相适应的。

七、现实主义的创作方法

黄自先生的大部分作品是现实主义的，特别是他的后期作品是向着这个方向发展的，他的很多作品中的艺术形象是非常真实的。他的主要作品可以分为三类。第一类是抒情性的作品，如《怀旧》《思乡》《春思曲》《长恨歌》等。这些作品不是无病呻吟，而是以自己的生活和感情体验为基础。《怀旧》是为了纪念

---

① 朱庇特是罗马神话中的天神。这部交响曲因气概宏伟，被称为《朱庇特交响曲》。

他死去的爱人而写的，其中沉痛的思索、内心的激动、甜蜜的回忆和爱情的倾诉，表现得那么动人。其他的作品也都反映了他的抒情的性格和对于诗歌的感受。第二类是爱国主义的作品，如《抗敌歌》《旗正飘飘》《军歌》《赠前敌将士》《九一八》《热血歌》等，它们都反映了作曲家的爱国热情、悲愤情绪和当时轰轰烈烈的抗日救亡运动。第三类是一些内容不太好的歌曲，如《农家乐》《青天白日满地红》《总理逝世纪念》等，它们或歪曲了劳动人民的生活和思想感情，或表现出作者对反动政府还寄托着幻想。但从发展的趋势来看，黄自先生的创作是有进步倾向的，这在他后期的爱国歌曲和民主性歌曲中表现得很鲜明。

有一件事可以非常有力地说明黄自先生的现实主义创作方法。他平日工作很紧张，从不出去逛马路，但当他接受了为电影公司的影片《都市风光》写作《都市风光幻想曲》后，就破例地屡次和黄夫人汪颐年先生一同到南京路、新世界等上海最热闹的地方去漫步，借以观察都市的生活情景。

他在写作歌曲时不但力图真实地表达歌词的内容，还力图使音乐的音调和节奏与诗歌紧密结合。汪颐年先生在《忆黄自》一文 ① 中说：

　　当他每次拿到一个歌词的时候，就非要先把歌词中每

————————

① 见《雨花》(1957 年 3 月号)。

一句、每一字的声韵搞清不可。但是他自己的北京话不好，时常咬不准音，而我由于从小在北京生长，在北京学习，北京话比较好，所以他拿到歌词后总要我先念给他听，一遍没听清就念两遍，两遍不够，三遍……一直要到他把歌词中全部声韵都弄清楚为止，有时歌词比较长，他就在每个字旁边注上声韵的符号，免得弄错。

有一次在上课时他以清末时一首劝人戒鸦片的歌曲为例：

谱例 1

他说这一句的旋律因屡次落在"Sol"上，"进"字就会被听成阴平，变成"烟妖鸦片精"；最后一个音如改成"si"或"do"，听起来就不是阴平了。黄自先生所作的歌曲，在音调上、节奏上和句法结构上的确都和歌词结合得很好，唱起来很顺口，很容易听懂。

黄自先生由于家庭出身和长期受资产阶级思想的影响，没有认清社会发展的方向和民主革命的性质，也没有看清深刻的社会矛盾和尖锐的阶级斗争，因而就不可能像聂耳和冼星海那样在作品中反映出在反动统治和封建制度下受压迫、受剥削的劳动人民的悲惨的生活和火热的斗争，并亲身参与到革命斗争中去。但他也并不是以自然主义的态度无所选择地概括生活现象的，而是概括了他所属的社会阶层中具有典型性的生活现象和爱国的思想感情。他并没有以客观主义的态度对待历史题材，他的《长恨歌》是以唐明皇不爱江山爱美人来讽刺当时反动政府的"不抵抗主义"的。作曲家的这一意图是不难看出的：《渔阳鼙鼓动地来》一曲中"哪管他社稷残"一句的旋律和《旗正飘飘》中"国亡家破，祸在眉梢"的旋律（见谱例2），以及《六军不发无奈何》一曲中"乱纷纷家散人亡"一句的旋律和《旗正飘飘》中"国亡家破"前面的间奏（见谱例3），不是都很像吗？

谱例 2

那 管 他 社 稷 残。

祸 在 眉 梢

谱例 3

乱 纷 纷 家 散 人 亡，家 散 人 亡

国 亡 家 破

显然，在作曲家的构思中，《长恨歌》中的"社稷残"和"家散人亡"，是影射着反动统治下"国亡家破，祸在眉梢"的景象的。

黄自先生的现实主义创作方法，也表现在和民族民间音乐的联系上。

一个在美国住了五年的留学生，回到祖国后的第一次创作实践，就是把我国的古典歌曲《目莲救母》(《佛曲》)改编成有钢琴伴奏的男声四部合唱曲。[1]作曲家是按照自然体系的小调式来配和声的，但各声部在风格上非常统一且和旋律相适应。对于为民族风格的曲调配置和声，以及写作民族风格的曲调，这都是一种很好的锻炼。当整个合唱曲反复一遍时，作曲家改用伴唱的手法来处理，伴唱的声部唱着"阿弥陀佛"，伴奏中的反复和弦仿佛是木鱼和钟、磬之声（见谱例4）。这个反映佛教文化和寺院生活的合唱曲后来和《抗敌歌》《旗正飘飘》《山在虚无缥缈间》《渔阳鼙鼓动地来》一起灌成了唱片。

黄自先生收藏了许多古典戏曲的乐谱，如《纳鲁楹曲谱》中的《牡丹亭》和《紫纹记》、《遏云阁曲谱》，以及世界书局出版的《昆曲大全》(共二十四册)等，作为研究民族音乐的参考资料。

黄自先生喜欢收集和研究民族民间乐曲和歌曲，虽由于工

---

[1] 发表在《乐艺》第一卷第二期（1930 年 7 月）。

谱例 4

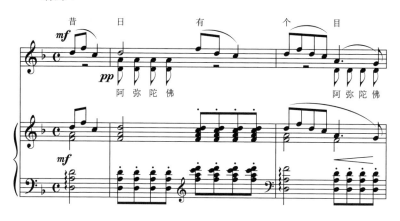

作环境的关系，他没有深入民间去采集民歌，但凡是可以在各
种书刊上找到的民歌，他都抄录下来。有一次"音专"师生赴苏
州旅行，他听说某道院的道教音乐很有研究的价值，就特地去
听他们演奏，后来还去录了音。从前面提到过的《怎样才可产生
吾国民族音乐》一文中，可以看出黄自先生对发展民族音乐和学
习西洋音乐的态度，他说：

把西洋音乐整盘的搬过来与墨守旧法都是自杀政策。因为采取了第一办法，我们充其量能与西洋音乐进展到一样水平线罢了。况且这也不一定办得到。因为不久他们自己也要变新样子。那时我们在后面亦趋亦步，恐怕跟起来很费力罢，所谓"乡下姑娘学上海样，一辈子也跟不上"，因为"学得有些像，上海又改了样"。至于闭关自守，只在旧乐里翻筋斗，那么我们的祖宗一二千年来也翻够了，我恐也像孙悟空一样，再也翻不出如来佛的掌心。

接着，在指出了西洋音乐中值得我们学习的进步传统后，他着重地说："西洋音乐并不是全是好的，我们须严加选择，那些坏的我们应当排斥，而好的暂时不妨多多借重。总之，我们现在所要的是学西洋好的音乐的方法，而利用这方法来研究和整理我国的旧乐与民谣，那么我们就不难产生民族化的新音乐了。"当然，用西洋音乐的方法来整理民族民间音乐的说法是不全面的，但黄自先生反对盲目崇拜西洋，反对硬搬西洋那一套的见解是完全正确的。他的发展民族音乐的远大的志向，首先表现在努力探索民族音调和创作民族风格的作品上。《长恨歌》中的《山在虚无缥缈间》是根据古曲《清平调》[①]而写的；古雅淳朴的曲调，恰如其分地表达出《山在虚无缥缈间》的歌词的梦一

① 由日本传回的我国古曲，歌词是李白的诗。

般的意境。《花非花》的旋律与和声在风格上都和《山在虚无缥缈间》很接近，这是因为歌词的意境很相似。只要比较一下"花非花，雾非雾；夜半来，天明去；来如春梦不多时，去似朝云无觅处"的旋律和"香雾迷蒙，祥云掩拥，蓬莱仙岛清虚洞，琼花玉树露华浓"的旋律，以及《花非花》的和声与《山在虚无缥缈间》引子的和声，就可以明了两者的共同之处。两者在旋律上与和声上都是具有鲜明的民族风格的作品。

在《九一八》中，民间小调风格的旋律巧妙地和进行曲的节奏相结合。在《天伦歌》中，民歌风格的五声音阶旋律和七声音阶小调式的旋律相对照。由于音型上的前后统一，以及在前面已出现了五声音阶以外的第七音，这种对照还是很自然的。在《卜算子》中，古朴的五声音阶旋律是和印象派的色彩性和声手法相结合的。此外，在《点绛唇》《南乡子》等用宋词作曲的歌曲中，都包含民族风格的音调。

黄自先生在民族音调的创造方面是有局限性的。他很少直接从民间音乐中去吸取最生动、最丰富、最基本的东西，而主要从《佛曲》《清平调》等古曲和古典戏曲音乐中去找素材，这就使他的作品中的民族音调带有宫廷音乐、寺院音乐的典雅风味和士大夫阶级的音乐的悠闲气息，而缺乏民间音乐中明朗活泼、坚强有力的生活气息。但黄自先生作品中的民族音调不是抽象的东西，而是和祖国的文化与祖国的自然风光相结合的。用《花非花》《卜算子》等祖国诗人的诗歌作的曲，或用根据祖国诗人的诗篇写作的《山在虚无缥缈间》的歌词作的曲，恰恰就是他的创作中最富于民族色彩的作品，不是吗？当黄自先生想到祖国的大自然景色时，他的笔下就会自然而然地流淌出民族风格的音调来，《春思曲》中"小楼独倚；怕睹陌头杨柳，分色上帘边"这段歌词的色彩性的伴奏，以及《长恨歌》中《七月七日长生殿》一曲中两端部分描写"风入梧桐叶有声"的同样性质的伴奏，就是最好的证明。

在《七月七日长生殿》中，杨贵妃和唐明皇的声部，最初都带有欧洲歌剧中宣叙调和咏叹调的风格，但后来以描绘"风入梧桐叶有声"的伴奏为背景，唱到"举首对双星，海誓山盟"时，也出现了五声音阶的音调。这个曲子最后是以萧萧瑟瑟的五声音阶音型和附加六度音的色彩性和弦结束的。

用完美的艺术形象，真实地反映他所熟悉和了解的生活中具有典型性的现象；在声乐作品中力图用音乐来表达歌词的思想内容，概括歌词的声调、节奏，使两者紧密结合为艺术的统一体；力图在音调上与民族民间音乐相联系——这就是黄自先生现实主义创作方法的主要原则。

八、创作上的成就

黄自先生的作品主要是声乐作品。在器乐方面，他只写过两部管弦乐作品（序曲《怀旧》和《都市风光幻想曲》），一部未完成的《D小调弦乐四重奏》和一些练习性质的赋格曲和创意曲。他只活到三十四岁，而且在生时担任着繁重的教学工作，以致不能写出更多的作品。但从两部仅有的管弦乐作品来看，知道他在这一方面是很有才能的。《怀旧》是一部富于浪漫色彩的序曲，戏剧性冲突不多，结构（奏鸣曲式）也比较严谨，不但形象很鲜明，而且很有感染力。《都市风光幻想曲》是标题性很突出的作品，是一幅描绘繁华的都市生活的音画，色彩很鲜明，但由于需配合电影镜头，只能写五分钟的音乐，因而音乐形象没有能够充分发展。从黄自先生的两部管弦乐作品以及为《旗正飘飘》和《山在虚无缥缈间》所作的弦乐伴奏中，还可看出他在配器方面是有经验的，他善于以最少的乐器、最经济的手法获得较大的效果；为《天伦歌》所写的民族乐器的配器尤其是可贵的尝试。从他的钢琴伴奏谱中也可以看出，他在进行钢琴写作时是能够掌握这一乐器的特点的。《春思曲》和《思乡》的伴奏简直可以作为钢琴独奏曲来演奏。

　　黄自先生在声乐作品方面的成就要比器乐作品大得多。他对诗歌有深刻的理解，他的音乐无论在内容还是形式方面都和诗歌结合得非常妥帖，非常细致。他对歌词的四声、语调和节奏非常重视，有一次在上作曲课时，他曾介绍过赵元任先生的四声的音乐定义。因此，即使像"更那堪墙外鹃啼，一声声道'不如归去'！"那样文绉绉的歌词，也很容易听懂。在《旗正飘飘》中，他根据普通话的念法把"男儿"两字结合起来，在当时还是一种创举。他善于解释诗歌，不但用音乐来创造诗的意境，还发挥丰富的想象力，描绘出诗歌中所没有充分表达的境界，因此他的音乐往往比诗歌动人得多。例如《春思曲》和《思乡》的歌词中有一些是陈词滥调，但音乐是那么新鲜而富于感染力，作曲家把自然界的形象和对内心世界的描写结合起来，构成了抒情、写景都恰到好处的音乐小品。

黄自先生是写旋律的能手，无论是宽广的歌唱性和抒情性曲调，还是节奏鲜明的英雄性曲调，都写得很动人。他的爱国歌曲绝不是公式化、概念化的作品，而是真正的艺术作品。

黄自先生的和声非常精练、细腻。他善于运用色彩性的转调，《怀旧》《春思曲》和《长恨歌》中的《七月七日长生殿》都是典型的例子。但他的转调从来不是单从形式方面或技术方面考虑的，而是与歌词中的色彩性语句和情绪的转换紧密结合的。

黄自先生为民族风格的旋律配置和声的经验是我国音乐文献中的一份重要遗产。他的和声手法是多种多样的，兹略举数例，以见一斑：

《目连救母》（古曲）以自然体系的小音阶为基础，采用复调化的和声，功能性很强，但已包含大小调的交替和一些附加六度音的色彩性和弦。

《九一八》中功能性的和声虽用得比较生硬，但还是能和进行曲的风格相适应。

《花非花》中除了引子中的终止式和最后的终止式用功能性

和声，"天明去"有Ⅵ-Ⅱ的进行，"来如春梦"有Ⅶ-Ⅰ-Ⅵ-Ⅴ的进行外，只用一个主和弦，但它是和Ⅵ交替的；这样，Ⅵ就成为第二个主和弦。由于十小节中七小节是主和弦，和声就比较静止，功能性很弱，这和歌词的朦胧的气氛相适应。作曲家还用格里格常用的手法①，把旋律放在两个外声部，借以冲淡和声的进行，使和声变得很清淡，只在进入终止式时才出现真正的低音部。这一手法，也用于《山在虚无缥缈间》的引子中。

《卜算子》。黄庭坚评苏轼这首词说："语意高妙，似非吃烟火食人语，非胸中有数百卷书，笔下无一点尘俗气，孰能至此？"作曲家用印象派的手法来表现这种缥缈幽远的境界，开头和结尾的平行小七和弦和三种小调式（羽、商、角）的混合，有鲜明的色彩性。

《山在虚无缥缈间》和《花非花》的风格与手法很相似。《花非花》是大调—小调的交替调式，而这里是小调—大调的交替调式。全曲只用主和下属两个和弦，Ⅲ级和弦是和Ⅰ交替，作为第二个主和弦的。主和弦有时是三和弦，有时是没有三音的空五度和弦，有时和Ⅲ级相结合，成为附加六度音的和弦。下属和弦也有同样的三种形式，但它还常常省去三音，附加七音，使所有的和弦音都是五声音阶以内的音，而又不像空五度和弦

① 见格里格的作品41之1（《摇篮曲》）、43之2（《巡礼者》）、43之5（《抒情曲》）、43之6（《春》）等钢琴曲。

那样空洞。"琼花玉树露华浓"一句反复时终止在下属和弦上，替下面转入下属调作好准备。"却笑他，红尘碧海，多少痴情种？"一段转入下属调，也由Ⅰ级和Ⅱ级交替，作为主和弦，到"离合悲欢"一句反复时突然转回主调。全曲除了"枉作相思梦"的"梦"字上的和弦和最后第二个和弦是属和弦外，再没有出现过属和弦（只是偶然作为经过和弦）。主和弦和下属和弦的对置和主调与下属调的对置都造成了柔和的色调，不像主——属对置那样刚强。全曲十分之九是主和弦，也像《花非花》一样，功能性很弱，但静止的和声因复调手法而得到弥补。这种清淡、飘逸而柔和的和声，是与歌词的性质相适应的。

《天伦歌》开头的一段五声音阶旋律是和顽强的固定音型相结合的。这一段的和弦也只有一个，就是由Ⅰ、Ⅵ两级交替而成的主和弦。引子第三小节和"人皆有母"一句中音阶第七音的出现，替进入属调的转调作好准备。向属调的功能性转调，是与富于积极的意志力的歌词的性质相适应的。中间一段是和声小调与自然小调的交替，在调式的性格上也是和悲壮的情绪相适应的。最后一段经常出现大二度的色彩性音程，予人以坚韧不拔之感；末尾的丰满的和弦，尤其充满壮大的气概。

黄自先生在复调写作方面也有较高的成就，现存的《降B大调二部赋格曲》《G大调二部创意曲》和《C大调二部创意曲》还是练习性质的作品，但1933年写的《卡农歌》（二部合唱）和

《淮南民歌》(二重赋格曲)①就成熟得多。他在合唱曲中经常运用模仿、卡农、复对位的手法,《目莲救母》《抗敌歌》《旗正飘飘》以及《长恨歌》中的《仙乐风飘处处闻》《山在虚无缥缈间》《此恨绵绵无绝期》都是典型的例子。在《抗敌歌》的第一段歌词中,"身可杀,志不挠"一句只是自由的模仿,但在第二段歌词中,相应地位的"仇不报,恨不消"一句却变为三声部依次相隔一拍进入的八度密接卡农②,这使分节歌的第二节歌增加了动力,且由于声部的逐渐累积,使"群策群力"的齐唱更有力量,使最后的"拼将头颅为国抛"一句达到了更大的高潮。

　　黄自先生的作品在曲式上也是有特点的,值得特别注意的是他在三段式、回旋曲式和分节歌中常用的力度上的动力性再现。上面已经提到过《抗敌歌》(分节歌,二段式)第二节歌中用密接卡农的手法来增加动力;用动力性的再现来贯穿力度的发展的更典型的例子有《旗正飘飘》和《长恨歌》中的《渔阳鼙鼓动地来》《六军不发无奈何》。这些合唱曲中开头的主题都出现三次以上,作曲家用增加力度和变化织体的方法使悲壮情绪一步步增长。例如,《旗正飘飘》是回旋曲式,主部完全是主调音乐的结构,前乐句旋律在男声,后乐句旋律移到女声,并在伴奏中重复;主部第一次再现时的前乐句也是这样,但后乐句改

---

① 均发表于《复兴初级中学音乐教科书》第五册(1937 年 4 月)。
② 密接卡农是各个模仿声部的时间距离很近的一种卡农。

用卡农的手法来处理；主部第二次再现时后乐句的卡农又颠倒了声部进入的次序，形成了复对位。同时，主部三次进入时的力度也一次比一次强，这就使作品中所表现的悲壮的情绪和抗日救亡的热潮愈来愈强烈，最后达到了不可遏制的程度。《渔阳鼙鼓动地来》是三段式，开头的主题出现了三次；《六军不发无奈何》也是三段式，开头的主题出现了四次。两者也用类似的手法来造成力度的发展。黄自先生在处理合唱曲时，总是避免机械的反复。《目莲救母》的反复具有描写性自不必说，就是《抗敌歌》那样的分节歌也不例外；但他所用的手法是既经济，又有效的。

黄自先生写大型作品的经验是比较不足的，《怀旧》中的形象很丰富，很生动，但形象的发展还不够；《都市风光幻想曲》也有同样的情况。但前者发展不足是和各个形象缺少戏剧性的矛盾有关，后者发展不足是和篇幅受限制有关。

黄自先生没有写过歌剧，但从《长恨歌》中可以看出他是有这一方面的才华的——《六军不发无奈何》和《此恨绵绵无绝期》中代表悲剧性命运的主导动机同时是两首合唱曲中的固定音型。

各乐章主题上的联系和风格上的统一也足以说明作曲家写作大型声乐作品的才能，而最成功的是《七月七日长生殿》中的抒情场面。这部康塔塔的写作虽有讽刺当时国民党反动政府"不抵抗主义"的意图，但正像莫扎特写《唐·璜》一样，黄自先生是把唐明皇作为有血有肉的、活生生的人来处理的，因此《七月七日长生殿》中的爱情场面才会那么动人！

活到三十四岁就逝去的黄自先生留下的著作和音乐作品并不是很多，其中还有一些是糟粕，但在黄自先生的著作和创作中，爱国主义、民主主义和现实主义的倾向是主要的。他的许多优秀作品对我国新音乐的创造和音乐文化的发展起过积极作用，它们是中国音乐文库中一份重要的遗产。他在音乐教育上对专业音乐人才的培养作出了不少贡献。他的刻苦钻研的精神是值得我们学习的。黄自先生的生活道路是艰苦的，他理想中的民族音乐文化高度发展的远景，在旧社会是不可能实现的。但今天在党的正确的文艺方针的指导下，在总路线光芒的照耀下，我们有一切的条件和充分的信心，可以创造出比黄自先生所梦想的远景更为美好的民族音乐文化来，那就是光辉灿烂的社会主义音乐文化！

（原载于《音乐研究》1958 年第 4 期）

黄自先生的清唱剧《长恨歌》

刘雪庵

　　黄自先生是中国五四运动以来最有修养的音乐教育家同作曲家之一。1904 年 3 月 23 日生于江苏省川沙县（1956 年 8 月 11 日《光明日报》"文艺生活"第一百十九期刊出的拙作《音乐家黄自及其作品》一文所记的二月七日是农历，特在此注明更正），1938 年 5 月 9 日逝世于上海。早期由清华学校毕业后留学美国。1929 年回国，初任上海沪江大学音乐系教授并负责上海国立音乐专科学校理论作曲课程。第二年他离开沪江大学就任"音专"理论作曲专任教授兼教务主任之职。曾教授过和声、作曲、对位、曲式、配器、音乐欣赏及音乐史等课。在中国音乐教育史上，"五四"以来，除萧友梅先生外，他对中国音乐作曲理论教育方面的启蒙奠基工作应该说是有显著的贡献的。

　　黄自先生还是一个掌握了高度西洋创作技巧，同时能够虚心继承民族传统的优秀作曲家。他的创作生涯，从作品来看，始自美国留学的后期，但旺盛时期，是在 1931 年"九一八"事变以后到 1934 年这一段短促的时间。他的作品的内容，不少是直接或间接反映当时中国的现实生活的。他的作品形式主要是声乐及少数管弦乐曲。他的曲目现在尚未整理出来，估计有数十首。目前我先对他的清唱剧《长恨歌》作一些分析介绍。

《长恨歌》是黄自先生于"九一八"事变后不久，完成了他的爱国歌曲《九一八》《抗敌歌》及《旗正飘飘》之后所作的。开始的时间是 1932 年暑假，大约在该年年底即写好七段。先是计划写十段，后因歌词不很理想，就未补写所差的那三段，所以留下的只有七段词谱。

《长恨歌》的词作者，是与黄自先生同时在"音专"工作的韦瀚章先生。他写这部歌词，正是在蒋介石反动政权对内残民以逞，对日本帝国主义则忍辱求和的时候。我觉得他们两位选取唐代诗人白居易的长诗《长恨歌》作主题，是寓有讽刺当时局势之意的。他们很想对陈鸿《长恨歌传》所谓的"意者不但感其事，亦欲惩尤物，窒乱阶，垂于将来者也"有所发挥。作者这种意图在清唱剧前几段有所体现，特别是《渔阳鼙鼓动地来》及《六军不发无奈何》突出地透露了指日攻下长安，杀尽奸妃贼臣以平沸腾的民怨的思想。但后面的歌词，似乎受了白居易《长恨歌》古诗及洪昇《长生殿传奇》的影响，逐渐成为皇帝多情佳人薄命的写照，与原来词作者的创作意图有所矛盾。所以第四、第七、第九三段歌词黄自先生未曾谱曲，可能与此也不无关系。虽然有这样的瑕瑜，但无论如何，《长恨歌》爱国主义的本质同黄自先生高度的艺术表现手法依旧是焕然发光的。

现在我谨就长恨歌七段乐曲进行一些介绍。这首《长恨歌》是根据中国古典文学作品创作的，讲述了唐朝天宝年间唐明皇与杨贵妃的爱情故事，采用清唱剧的形式来表现的声乐套曲。

《长恨歌》七段乐曲的标题，都采自诗人白居易《长恨歌》中的诗句。它们的次序如下：

（一）仙乐飘飘处处闻

（二）七月七日长生殿

（三）渔阳鼙鼓动地来

（五）六军不发无奈何

（六）宛转娥眉马前死

（八）山在虚无缥缈间

（十）此恨绵绵无绝期

乐段虽然不全，但故事不仅有始有终，而且发展的线索也很清楚明确。

第一段：《仙乐飘飘处处闻》

《仙乐飘飘处处闻》是适中快板的混声合唱。歌词描写了唐明皇荒政废事后那种纸醉金迷的宫廷生活。乐曲组织形式基本是变化的三段体。第一段调的布局从 G 大调开始，经由关系小调 E 转入属大调 D 的主和弦结束。一开始混声的起句以主和弦琶音上行为骨干，衬着伴奏部分低音部八度主音连续四小节半的震音，表现出骊宫高耸中急管繁弦的喧嚣气氛。接着男高音部唱出"歌一曲""舞一番"，女声二部同答着"月府法音，霓裳仙韵""羽衣回雪，红袖翻云"。然后混声四部转到关系小调，用音型移位的方法重复前段歌词，到"歌一曲"时加以小的变化发展，然后引到属大调，正式结束第一段。中段以优美的行板来表现载歌载舞的情趣。开始就转入降 B 大调，以复调手法使声部参差出现，增加音色的变幻，衬着以分解和弦为主的伴奏音型，有潇洒出尘、飘飘欲仙的味道。女中音从弱拍唱出她三度半音上下行的主句，跟着女高音作六度的模进，男高音作五度的模进变化，最后四声部在降 B 大调的属大调 F 主和弦上结束。接着把前面女中音主句移高八度，由女高音唱出，而女中音演唱的女高音模进的乐句与女高音同时出现，构成三度平行的旋律，男声二部又模仿女声二部迟两小节进来，以达到高度的统一变化与和谐。然后女高音主句从大三度到减四度逐步转调下移，经过 G 小调慢慢回到 D 大调主和弦。进入末段歌词"更玉管冰弦嘹亮，问人间能得几回闻"句，事实上音乐又回到第一段的喧嚣气氛。"歌一曲""舞一番"的内容与"问人间"句的意思两样，因而在旋律的处理上就有了变化。但整段的乐语、调性及伴奏都回到第一段而作肯定的收束。总的来讲，《长恨歌》第一段，虽然是仙乐飘飘、非常热闹，但在急管繁弦中带有一种邪散噍杀之气。正如白居易《长恨歌》起句以"汉皇重色思倾国"来包含无限贬抑之意一样，黄自先生在音调的表现上也可以说与白居易异曲同工。

第二段：《七月七日长生殿》

本曲以 E 大调为基调，采用徐缓的行板节奏，四小节富于个人抒情味的歌唱性旋律作为引子引领高声部，加上钢琴伴奏声部六度主和弦的十六分音符六连音的微弱震动，充分表现出富于东方风味的那种风入梧桐、夜阑人静的意境，衬托着女声三部合唱隐约轻微由远而近，更加显示出温柔缠绵的情调。等女声在属大调的关系小调上结束，再回到富于爱情的歌唱性旋律，经由 B 大调、E 大调属七和弦复以 E 大调四级上的减七和弦，用等音关系作新调七级上的减七和弦，直接过渡到 F 大调的属九和弦，最后经由 G 小调而向 E 小调结束。杨贵妃的独唱进入时不是那样稳定乐观，而稍稍带有一种焦急担心、怕好景不长的情绪，最后结束在基调的关系小调上，同时也预示了整个故事悲剧性的不可避免。在文字上不过是"只恨人间恩爱总难凭，如今专宠多荣幸！怕红颜老去，却似秋风团扇冷"。这样几句话，深刻地表现出封建社会的妇女复杂微妙的心情，即使是荣获帝王宠幸的绝代佳人也是朝不保夕的。在文学上我们看到很多这样的描写，但是通过旋律与和声的配合，用音调来深入描写这种人物的内心状态，在中国作曲家的作品中，还是仅见。

　　贵妃独唱的结束音紧接着明皇独唱的开始音，并以贵妃所唱"怕红颜老去"句的音型，作为明皇唱"仙偶纵长生"时的模进素材。一个在阴暗的 G 小调上表示惶恐担心，一个逐渐转向明朗的 E 大调来表示体贴慰藉，不仅使对唱人物的口吻泾渭分清，同时使音乐的气韵连成一贯。在明皇独唱以后，音乐的气氛从不安变为爽朗，用 E 大调加四度、加六度、加二度的主和弦衬托富有民族风味的爱情二重唱。最后在"山盟海誓"完毕以后，音乐尾声仍然回到风入梧桐、夜阑人静、一片淡雅清幽的诗趣当中。黄自先生以高度的音乐专业创作技巧作绘影绘声的表现。他这段乐曲不采用普通分节歌形式，顺着歌词内容及故事的发展，曲词进行好像行云游移、流水荡漾。引子开始时，那种上行三度到六度跳进的富于抒情特征的歌唱性旋律在女声合唱结束时移位重现。贵妃、明皇对唱时的变化重现（在"只恨人间"句是三度下行七度跳进，"如今专宠"句是三度上行五度跳进，还有"问他一年一度"及"争似朝朝暮暮"句），以及爱情二重唱时（"举首对双星，在天愿为比翼鸟，在地愿为连理枝"及"世世生生"句）的不断变化重现，连缀得自然流畅而不露丝毫的痕迹。再加上伴奏不时的变化仍然保持着前呼后应的统一，赋予音乐极强烈的戏剧效果。我认为这是黄自先生在吸取西洋歌剧表现手法的优点的同时结合中国语言的最典型的作品。

第三段：《渔阳鼙鼓动地来》

这是一首进行曲式的男声四部合唱。其内容描写了人民群众对唐明皇那种荒淫无道，只爱美人醇酒不爱江山的憎恨，决心起义冲破潼关，推翻封建王朝的统治。乐曲以降 B 小调的属音开始，以四小节的战鼓引出部队进行的十六小节男低音的齐唱，跟着第一、二部男高音进来，主旋律高八度出现，下面三声部衬托着雄浑的和声，进一步显示出人民激烈的情绪，形成了乐曲第一段的组织。跟着男低音第一部叙述着"只爱美人醇酒"，群众以愤慨的语调喊出"不爱江山"。移高五度重复一次，更增加了同仇敌忾的气氛。在"遥望满城烽火，指日下长安"的强烈终止后，以更强的声音返回第一段的旋律，最后以八度同音、一字一顿来充分显示人民群众对专制者的愤怒和推翻无道者的决心。这虽是一首简单的三段体歌曲，但黄自先生利用声部的变化、力度的增减及主调与复调结合的手法，也使普通的分节歌具有强烈的戏剧性。

第五段：《六军不发无奈何》

这仍旧是一首男声四部合唱曲，采用普通的小三段曲式。整个音调表现出一种低沉疲乏、无力前进的状态，最后转为一种不可遏止的愤怒。如果《渔阳鼙鼓动地来》是暴动了的人民群众向反动统治阶级慷慨激昂的进军，那么《六军不发无奈何》正表现出在淫威胁迫下的士兵，在长途的"护驾"行军当中，饱含着即将爆发的怒气。一样是反对封建统治阶级，一样是男声四部合唱，但是两种不同的音调，形成鲜明的对比。

　　乐曲开始用八小节引子，以单调重复的低音旋律，衬着沉重呆滞的固定低音，好像千斤重压使人透不过气来一样。接着引出非常弱的男声四部，好像疲劳不堪的奴隶，一方面诉征途跋涉之苦，一方面恨贵妃、丞相之恶。这就是从 G 小调进入 D 小调后结束的第一段。中间埋怨君王信谗宠佞，把锦绣山河拱手让敌，使全国人民家破人亡。从 F 小调主和弦经过降 A 大调回到 D 小调来表现士兵们逐渐高涨的不满情绪。再回到第一段，四部男声以八度强音齐唱，一步一步地加强音响来显示士兵们不可遏止的冲天怨气。末了以最强的声音异口同声地喊出"可杀的杨丞相"，使听众感受到"国人皆曰可杀"的感觉，丞相、贵妃之死成为必然的趋势。

　　黄自先生在《长恨歌》中的几首合唱曲都是采取主调与复调结合的手法，独于此曲，完全用主调和声体，尤其是最后一段完全用齐唱来表达，很明显地看出他用音调来表示人民群众万众一心的气概。他在曲体的选择和声部的处理上也完全以内容为依据，并不在技术上故意进行不适当的炫耀。

　　第六段：《宛转娥眉马前死》

　　这是如泣的慢板，自由式两段体，是次女高音杨贵妃的独唱。此段以第二段《七月七日长生殿》贵妃不幸的预感结束时的升 C 小调为基调，用低续主属和弦使节奏固定且用沉重的重复作伴奏，好似以呜咽凄切的音调来引出贵妃如泣如诉的哀歌。从"从来好事易摧残，只恐缘悭！回肠欲断情难断"到"珠泪虽干血未干"，俨然一字一泪，第一段结束在高半音的 D 小调上。然后把伴奏部分的主和弦移高八度，旋律有所跳动，节奏在固定的基础上慢慢变化，衬以低音，以逐步半音下降为中心。虽然唱的第二段是将死的善言，但表现出一种沉痛的心情，结束在"两情长久终相见，天上人间"句上，并以高低乐汇对比，表现出团聚的希望寄托在天上，而悲戚的现实却留在人间。最后只能回到固定节奏的、沉重而单调的长音升 C 小调的主和弦上。于是乎三尺白练玉殒香销，贵妃不能不死去了。

第八段：《山在虚无缥缈间》

这是一首最富于民族风格的女声三部合唱曲。歌词是讲蓬莱仙岛的玉女点醒红尘碧海间唐明皇、杨贵妃这样参不透镜花水月的痴情者。整个乐曲，非常统一和谐地被一种虚无缥缈、神秘朦胧的气氛笼罩。乐曲的主调采用了古"清平调"的素材加以发展变化，以中国羽调式为基调，中段适当地转入商调，挣脱了西洋传统和声体系的束缚（《七月七日长生殿》还是以传统和声为主，适当地加上调式和声色彩），完全创造性地用与中国调式相适应的民族调式色彩、和声手法来表现。在配器方面，不用响亮的木管及铜管乐器，也不用节奏鲜明的打击乐器，其至弦乐器中的低音提琴也取消了，以大提琴以上的弦乐音色衬托高贵典雅的竖琴拨弦伴奏。乐曲开始，加上弱音器的小提琴分部奏着三度重叠音程的高八度旋律，持续而悠长地概括出全曲那种隐约渺茫的情境，引出女声两部齐唱"香雾迷蒙，祥云掩拥"。第二句"蓬莱仙岛"开始用模进的复调手法，接着变换声部重复一句，到"琼花玉树露华浓"，终止在商音的五度和弦上。两小节半的过门，引渡到以商音为主音的第二段，在轻嘲微弄中含着无限的感慨，唱出"却笑他红尘碧海，几许恩爱苗，多少痴情种"。黄自先生把语言同音乐的音调结合得天衣无缝。曲调进行中的高低强弱、长短轻重，就是诗言诗述中所需要的那样。然后响亮的高音上去，大声呼唱后继以柔弱的回应，"离合悲欢，枉作相思梦"。最末以悲天悯人的口吻，暮鼓晨钟的说教，结束于"参不透镜花水月，毕竟总成空"，来点醒众生脱离迷津、回头是岸。乐曲以渐慢、渐弱、渐高停顿在羽调空心五度的主和弦延长音上，给人一种余韵绕梁、三日不绝的印象。

第十段：《此恨绵绵无绝期》

这是清唱剧的终曲，也是悲剧的结果。在混声四部合唱的衬托下，唐明皇抱着绵绵无尽的愁恨终老。乐曲的组织与内容，不仅显著地同《七月七日长生殿》遥相呼应，同时也把前面好几段的音型素材集中概括到这一段来，形成一个悲剧性的总结。乐曲大致分成三段：第一段混声合唱以 B 小调为基调；第二段明皇独唱由 A 小调转到 D 大调；第三段以混声合唱来回应明皇哭泣般的独唱，从 D 大调开始返回 B 小调而结束。

乐曲一开始用三度音程的重复来描绘秋雨梧桐的单调音响。高音部用了《六军不发无奈何》那段沉重的固定低音的音型，低音部加上《宛转娥眉马前死》那段主属音八五度的低续和弦。一方面形成寂寞骊宫、荒凉南内的悲凄景象，一方面再把过去伤心的音调历历呈现目前；并以这样组合的伴奏来衬托复调曼声的四部悲歌，哪能不叫人百结愁肠、肝肠寸断呢？当"惨绿愁红"结束了第一段时，雨滴声仍旧保持着，用低音八度级进下行，表示悲切绝望。而固定高音有了变化发展，最后与低音进行结合，用增六五和弦转到 A 小调去引出第二段唐明皇的独唱"悠悠生死别经年"。三度下行再六度下行跳进的旋律，与爱情二重唱的旋律形成强烈的反差。到"如今怕听淋铃曲"作了八度上行跳进，但继续着的是半音下行级进，更显出苦海深愁无法摆脱，徒增内心的悲痛。伴奏背景把雨滴声化为八度低续属音（从第二段结束时的 D 大调来看）不规则的反复，高音部和弦级进下行，压倒低音内声部半音级进上行的无力挣扎。结束转入第三段，唐明皇以哭泣的音调来表示他难忘的眷念。每句后的混声合唱叠句，好像空谷的回音，在万籁俱寂的时候，给予他聊以自慰的回答，与语言结合得非常密切。流畅而悲恻的旋律，不假丝毫的雕饰，像顺水行舟一样自然，很富有说服力。最后"料人间天上"句以三度上行再向八度跳进，不单单让"人间天上"在旋律上表示出音义的区别，在思想感情上也表现出最后的期望。但在合唱以不协和的减七和弦结束来否定答复以后，只得回头降低八度音，以最缓徐、最沉痛的情绪唱出"再也难逢"作为悲剧的结束。在伴奏方面，从第二段结尾，D大调主属音的连续震动就代替了雨滴声的延续，以沉重而紧张的音响，代替了单调和凄凉，更增加戏剧性的效果。再衬托着高音部三度上行及六度上行跳进的旋律，反映出七月七日长生殿上海誓山盟、甜言蜜语的画境。结合着"思重重，念重重，旧欢新恨如潮涌"的唱词，这种对照的描写，等于"入木三分"的刻画。

从上面的分析来看，黄自先生在这段音乐的布局设计上，充分从内容出发，在中国声乐作品上，树立了一个优异的典范。可以把《七月七日长生殿》及《山在虚无缥缈间》一并提出来，称为黄自先生《长恨歌》中最精心的结构。

总之，从《长恨歌》的思想内容来看，可以肯定黄自先生是一个爱国主义的作曲家。从表现手法来看，他善于继承中国的民族遗产，并创造性地选用中国古调来适当发展，还善于使中国语言与乐汇密切结合。他具有很高的中国文化修养，能揣摩诗意，对人物的心理状态加以音乐上的刻画，同时能适当地吸取西洋古典音乐的进步技巧，根据题材的具体要求，予以有机的运用。因之使这样一个古典文学中的历史故事以新的音调重新展露于中国人的面前。"五四"以来，中国作曲家黄自先生对中国音乐文化的发展所起的作用，是值得肯定的。当然，黄自先生在《长恨歌》的创作上，也不是毫无缺点的。除了上面所提到的在创作意图上的一些矛盾外，在民族风格方面，显然《山在虚无缥缈间》非常突出，而其他各段，就未能与《山在虚无缥缈间》一样取得完全的统一与谐和。这不能不说是一种遗憾，当然这些遗憾，绝对不能影响它成功的一面。所以把黄自先生的清唱剧《长恨歌》作为一份"五四"以来的音乐宝库中的民族遗产来学习，仍旧是具有特殊的意义的。

1956 年 9 月 20 日

写于北京艺术师范学院

（原载于《人民音乐》1956 年第 10 期）

纪念黄自先生

江定仙

今年5月9日是黄自先生逝世二十周年纪念日,黄自先生生于1904年,1929年学成归国就工作于当时唯一的一所音乐学校——上海国立音乐专科学校,直到他与世长辞的那一年(1938年)。谁都知道,旧中国的专业音乐教育事业是十分落后的,这所音乐专科学校虽然名为国立,但是当时的反动政权并不给予重视。这所学校是音乐家萧友梅先生费尽毕生精力创办的,由于黄自先生的加入,这所学校得以巩固与发展。特别是在技术水平的提高上,黄自先生起的作用是很大的。当时在这所学校接受音乐教育的人很多,曾经受过黄自先生教益的音乐工作者,对于黄自先生认真严肃的教学、谦逊和蔼的态度,对待同学的民主作风,都留下了深刻的记忆。当时的音乐专科学校设有四个组:理论作曲,钢琴,乐队乐器,声乐(琵琶、二胡只作为主科之一,并未设组),在我的记忆中,理论作曲组开有普通乐学、视唱练耳、领略法、和声学、高级和声学、键盘和声、单对位法、复对位法、曲体学、配器法、歌曲作法、自由作曲、音乐史等十三门课程，初具音乐院的规模，培养了不少的作曲人才，这对于我国启蒙时期的专业音乐教育来说，不能不算作一件重大的事情。

黄自先生的工作年代，正是"九一八"事变的前夕到抗日战争全面爆发的起始，中国人民反对日本帝国主义的情绪十分高涨。"国家兴亡，匹夫有责"，黄自先生的爱国热忱是与人民的脉搏相一致的。"九一八"事变后不久，我记得他亲自带领我们到浦东为东北义勇军募捐。后来又带领我们，到杭州开音乐会，唱《抗敌歌》《旗正飘飘》，来鼓舞士气。这段时间他写了不少爱国歌曲，例如《九一八》《热血滔滔》《赠前敌将士》《睡狮》《抗敌歌》《旗正飘飘》等，他的重要作品《长恨歌》的选题思想，也是针对国民党反动政权的"不抵抗主义"而发的。爱国的题材在他整个创作中占有很大的比例。他的爱国歌曲都用了极通俗的笔法——容易唱的曲调，简单的和声。他善于用现代大音阶来表达中国人热情的、英勇的情绪。他的歌曲很容易上口的另外一个原因是在配词上对声韵比较讲究，在这方面他是下过功夫的。从他的爱国歌曲里不难听到一种饱满的、沸腾似的热情。他有时情不自禁，自己动手写歌词，有几首歌曲中找不到词作者的名字，这很有可能是他自己写的（但不一定都是），例如在当时非常流行的《抗敌歌》的第一节歌词"中华锦绣江山谁是主人翁，我们四万万同胞。强虏入寇逞凶暴，快一致永久抵抗将仇报。家可破，国须保，身可杀，志不挠。一心一力团结牢，努力杀敌誓不饶"就是他自己写的。虽然在我们今天看来，这种歌词的语汇多少有些古老，但是爱国的高涨情绪在字里行间是随处可以觉察到的。有一首小歌叫《九一八》，在短小的范围内成功地将民谣的音调与进行曲的体裁作了创造性的结合。

另一首在当时同样流行的合唱曲《旗正飘飘》，用强烈的节奏、饱满的精神，富有鼓动性地奏出引子，正是"旗正飘飘，马正萧萧"，真像一支浩大的队伍，有整装待命上前线杀敌一样的声势。

黄自先生在艺术歌的写作上也有不少成绩。"艺术歌"是指专业加工比较多，表情比较细致的歌曲，这在我国"五四"以来的音乐上是种新的体裁，我国的作曲家曾经在这个领域有过一定的成绩。

《天伦歌》在词意与音乐上都可以称得上一首好的艺术歌。它对孤儿的痛楚、内心情绪的复杂变化描写得很细致。开始的音调可以概括一个孤儿的性格与他孤苦的心情，这个音调再次出现时，已经随着词意转变成兴奋激昂的情绪了。

当音乐进入庄严宏大的慢板时，孤儿已逃出了个人的痛苦，怀着乐观进取的精神走上人生的坦途，要"服务牺牲，舍己为人"，有"大同博爱"才能"共享天伦"。作者虽然是以第三者的身份来描述这种心情，但是从作者认真严肃的态度、对音乐的处理上，可以看到作者充满了人道主义精神，对于主人公寄予无限同情与鼓励。歌曲的中段转入悲壮的情绪，此处西洋音乐的影响是很明显的，自然我们不应该反对用音型变化，由大调转入小调，或者用沉重的和弦等手法，只是说这一段的音乐还未脱离西洋歌剧音乐的传统，或者说还没有把这些手法民族化。实事求是地说，这不是一个简单的问题。当音乐的情绪作巨大的戏剧性的转变的时候，很容易显出我们的办法是不多的。当时的作曲家没能解决好这个问题，今天的作曲家在这儿还是暴露了弱点。有人很大胆勇敢，但不容易逃出这个圈圈，大多数的人采取躲避的办法，根本不想涉及它，以至于他的整篇作品显得惨淡而乏味。

《思乡》这首歌中的乡愁首先表现在向上冲击而又折回的带有各种情绪的曲调上。大家知道艺术歌的伴奏是十分重要的——简直就不应该称为伴奏，实际上是钢琴与唱者的合作，从某种程度上说，钢琴部分所表达的情感更为重要——这首歌以琶音式音型为背景，加上右手重拍上下行的倚音，更增添了惆怅的情调。词句里有"问落花：随渺渺微波是否向南流？"我想，我把它理解成对"微波"的描写想必是不会错的？第十二小节的地方，作者利用原音型很自然地写出杜鹃的啼声，只要细看前面一句歌词就可以知道作者刻画的细微巧妙了。杜鹃鸟的啼声是人人会写的，但是，第一，它是由于词意的要求而出现的；第二，它与伴奏音型联系得那么好，我们常说它是从内部长出来的，不是附加的；第三，由于人的心中怀有思乡的忧愁，杜鹃的啼声也有几分伤心的味道了。这正是作者技巧运用纯熟、表现细腻的地方。

《春思曲》从曲调看很像大调，但钢琴背景又明明是小调。可以说是在小调的基础上用类似大调的音调吐露真情，或者说在类似大调的音调上倾诉时罩上了一层小调性的薄薄的惆怅的帷幕。这是一种大小调结合的产物（自然从理论的观点看，它就是 D 小调），我们民族音乐中的 La 调式就含有这种意味，作者在这里表现出了这种特点。真正转入大调是从 più mosso 处开始的，他利用了一个富有民族色调的琶音式音型轻盈地走了进来，颇有些引人入胜的感觉。作者利用这个音型作了丰富的转调变化。关于这一点，音乐院的和声学教师刘烈武先生曾在他的学术报告中作过分析，我想留待他来细说。

在同一年（1932 年），作者除《春思曲》《思乡》以外还写了一首艺术歌《玫瑰三愿》，其中有小提琴助奏，艳丽是这首歌曲的特点。这三首歌曾经以《春思曲》为题在抗战前的商务印书馆出版过。

为了给中等学校提供教材，作者曾写了些比较短小的精致歌曲，如《雨后西湖》《燕语》《点绛唇》《卜算子》等，这些歌小巧精致，可以说是"具体而微"的艺术歌。

黄自先生除了在专科学校培养音乐专门人才外，还为普通中等学校编过一部音乐的教科书，虽然其中也有一些并不是不成问题的歌曲，但这套教科书的特点就是从歌曲、视唱练习、乐理与名曲欣赏四个层面，对中学生进行全面的系统的音乐普及教育，所以这套教科书在当时还是受到中学老师与学生的欢迎。其中歌曲部分除前面说的一些爱国歌曲外，还有他的一些艺术趣味比较高的歌曲，像《西风的话》《采莲谣》《花非花》《南乡子》等。

关于用历史题材所写的那部《长恨歌》大合唱，他自己称它为"清唱剧"（即 Cantata），为的是与以宗教内容为题材的"神剧"（Oratorio）有所区别，实际上 Oratorio 也是清唱且不带表演的，两者除了题材内容不同外，都带有情节，后一种往往规模要大一些。

这部大合唱是一部未完成的作品，按他原定的计划应该是十段，实际完成的只有七段（缺四、七、九）。作者选择这个历史题材的动机是对当时国民党反动统治的"不抵抗主义"进行讽刺，所谓"不爱江山爱美人"——这是"九一八"事变以后人们对反动政权不经抵抗而撤退的最严肃的抗议。

乐曲是以描写皇宫的豪华、奢侈的生活的歌舞音乐开始的。第二段转入唐明皇与杨贵妃互相吐露爱恋真情，并宣誓（《七月七日长生殿》）。第三段是来自边关的叛军的军歌（《渔阳鼙鼓动地来》），是男声合唱，从他们口中唱出了"只爱美人醇酒，不爱江山"。

第五段《六军不发无奈何》，写的是唐明皇逃往四川途中的狼狈情景。他的部下与人民对皇帝怨声载道，坚决要求处决杨贵妃与杨丞相。之后的一段是杨贵妃在强大压力下，自杀前所独唱的一段。第七、九段没有写。第八段就是著名的含有丰富民族色调的《山在虚无缥缈间》。这首弦乐队伴奏的女声合唱初次由"音专"的同学演出，获得很大的成功，真好像走入了"梦幻的仙境"一般。它是用"清平调"的音调写成的。在运用现代音乐技术结合民族音乐的特点上，充分显示出作者的才华。写到这里我不禁想起鲍罗丁的歌剧《伊戈尔王》中的一段著名的"女奴的合唱"，从色调的新鲜来说，两者可以比美。最后一段音乐称作《此恨绵绵无绝期》，这里很恰当地使用了和应的手法（模仿的手法）来描写连绵不绝的凄楚的情调，第七小节以后音乐转入和声大调，第六级音的降低更增添了凄凉与寂寞。

总的来说《长恨歌》是黄自先生比较重要且具有代表性的作品之一，作者的才能已经在这里不断地显示出来了。依我个人的看法，全曲合唱部分最为成功，例如《渔阳鼙鼓动地来》、《山在虚无缥缈间》、《六军不发无奈何》与《此恨绵绵无绝期》的合唱部分。在唐明皇、杨贵妃的性格描写上，从已有的几段音乐看来，还不能显示独有的特征。但是《七月七日长生殿》中，"风入梧桐叶有声"的背景音乐是写得很出色的。

黄自先生的歌曲多半有古色古香的歌词，这与他平日喜欢阅读中国古典文学作品是有关系的。黄夫人汪颐年先生在她的《忆黄自》一文中说他除音乐外，还爱好古典文学，他喜欢研究诗、词、歌、赋，他在笔记中还抄录了各种各样的诗词作品

（详见南京《雨花》杂志 1957 年 3 月号）。

除了声乐作品以外，黄自先生还有两首管弦乐作品。序曲《怀旧》是为了纪念一位亡友而写的。起始是低音弦乐器上的沉思的旋律，结尾在小提琴上有一段非常出色的高音的独奏句，表示一种深沉的怀念，技巧非常熟练。《怀旧》二十五年前曾在梅百器（意大利人）的指挥下在上海公演过，1956 年音乐周上由我国自己的交响乐队再次演出。这是我国第一部具有一定艺术水平的交响性作品。另外一首管弦乐作品是为抗战前的电影《都市风光》而作的插曲（袁牧之导演，电通公司出品，在当时是一部进步的电影），因为限制在五分钟之内，所以音乐并未展开，在我的记忆中，音乐开头有三个独立的减七和弦的全奏，描写可怖的、噬人的上海都市风光。可惜我现在身边没有这两个曲谱，不能为读者作详细的分析。

黄自先生除了教学与作曲以外，还做了一些理论工作，关于对勃拉姆斯的介绍，关于调性的表情的研究等，曾发表在抗战前的音乐杂志上。从文章里可以看出他的学识与钻研精神，同时也可以看出他思想上的混乱。在他的"乐评丛话"里，他一方面承认美的标准因时因地因人而有所不同，这是对的，但他又说"纯正音乐不受外界任何约束与支配"，非常欣赏叔本华的观点：音乐是"别自有一天地"。音乐艺术必然有她的特殊性，需要经过一番认识的过程，这是可以肯定的，但是把她"神秘化"，使广大人民感到高不可攀，那就要走到唯心主义的深渊了。黄自先生在"五四"以来的已故音乐家中是位出色的民主主义者、爱国主义者。

　　汪颐年先生在文章里还提到黄自先生在逝世前两年，计划写一部《和声学》与一部《西洋音乐史》："为了编写音乐史，收集了二万余件史实。为了撰写一本'中国之古乐'，就从《礼记》《乐记》《尔雅》等书籍中收集了有关古代乐制、乐器等各种资料千余件。"并且他在临终前还说："快去请医生来，我不能就此死去，还有半部音乐史没有写完呢！"（见《雨花》1957 年 3 月号）大家都知道，黄自先生也是位音乐史家，这部内容丰富的音乐史如果当时能写出来，在我国的音乐学术史上将是一份十分有价值的文献。

　　1956 年 8 月第一届全国音乐周上，肯定了黄自先生的爱国主义、民主主义的思想在"五四"以来我国乐坛上所起的进步作用。黄自先生在我国音乐艺术发展的萌芽时期系统地介绍了现代音乐技术，并努力使其与民族特点相结合，培养了很多的音乐人才，在音乐教育事业上作出了巨大的贡献。他在反对日本帝国主义侵占我国东三省的时候是一位积极的爱国主义的民主战士，在他短短的生命里，在我国音乐艺术成长的历史进程中，作出了贡献，这是我们应该深为敬仰的！

　　　　　　　　　　　　（原载于《人民音乐》1958 年第 4 期）

怎样纪念黄自先生

陈田鹤

在黄自先生逝世两周年的今天，全中国各地的音乐同志都举行纪念会、遗作演奏会、遗作播音会等集会，大家都怀着一种追怀慈母与哀悼战士般的心情来纪念我们伟大的导师黄自先生，这是很有意义的。黄自先生的作品感动着每一个中国人的心。每一个人都被他的"旗正飘飘，马正萧萧"的悲壮的歌声感动，激发了爱民族、爱国家的正义感，鼓励起战斗的精神；每一个音乐同志听了《山在虚无缥缈间》那种最能表现民族特性的音响，内心起了无限的喜悦与敬爱。奈天不假年，竟将尚在壮年时代的黄自先生夺去，我们丧失了一位可亲的导师，一位忠诚的战士，中国乐坛更丧失了大量的尚未产生的宝贵的作品，我们怎能不沉痛地哀悼与惋惜呢？

黄自先生的躯体虽然逝去了，但是他的精神永远留在人间，我以为我们要纪念黄自先生，应该要学习他的精神。

第一是治学的精神——黄自先生学问渊博。他在美国攻修音乐史的时候，笔记盈柜，勤学不倦，归国后在"音专"任音乐史一课，旁征博引，使我们认识了世界上整个音乐文化的历史。他的音乐史课是我们最感兴味的一门功课。他以历年教和声学的经验编一《和声学》，未完成之草稿达两厚册。参考（书）达二十八种（内中文四种，外国文二十四种）。这样不苟且！对学问做（下）功夫的精神是我们音乐（工作）者应该学习的。他不仅对音乐理论书籍下过苦功，对其他学问如心理学、拉丁文、中国文学与艺术也曾有过深刻的研究，所以能养成他那种博大的宽容的学者态度。

第二是创作的精神——黄自先生遗留下来的作品数量，虽然不能说是很多，但是他每一首作品都是经过千锤百炼而后完成的，所以没有一首不是像珠玉一般的宝贵，这种不草率作曲（的）精神，对于我们青年作曲者，尤其应该学习。黄自先生对世界名曲的研究，更是孜孜不倦，所以他的作品，能容纳各家之长，自成一格。

第三是诲人不倦的精神——凡是受过黄自先生教诲的人，都觉得先生是一位最和蔼可亲的导师。他像你们的兄长一样诚恳而亲切地指导理论和创作。所以纵便是最粗心的学习者，自己也感觉到惭愧而努力求进步了。中国音乐教育自工作上，需要健全的导师。黄自先生这种诲人不倦的精神，也是值得每个音乐工作者学习的。

我们要学习黄自先生的精神，纪念才有意义。希望我们音乐同志，能本着这种精神，继续黄自先生的遗志，广播抗敌的歌声，创造民族的音乐与普及吾国的音乐教育。

1940 年 5 月 3 日于重庆

（原载于桂林《扫荡报》1940 年 5 月 9 日第四版）

无数新声犹诗谱

陈晖[①]

带头倡导大众音乐

上海国立音乐专科学校校长萧友梅博士，是一位态度硬直不苟言笑的人，当时学生偷偷给他取了个绰号"Staccato"（断音），而黄自教授刚好相反，他是一位谦虚、年轻、潇洒、懂得学生心理的作曲老师，他的绰号是"Legato"（圆滑线），学生对他都怀有好感和敬仰。

黄自老师认为一个国家音乐事业的发展，光靠音乐学校是不够的，还需要提高大众的音乐水平，所以黄自常常在百忙之中抽出时间做社会音乐教育工作。1933年，黄自和应尚能、张

---

① 黄自的四大弟子之一陈田鹤的女公子，现在清华大学执教，并在日本国际大学讲学，以笔名梦月著《音乐之子——陈田鹤大师传》一书，此文为书中陈田鹤对黄自的描述的摘录。

玉玲、韦瀚章为中学音乐教育编了一套《复兴初级中学音乐教科书》，陈田鹤也积极响应，他的一首为古诗谱的《采桑曲》也收进去了。

会启发学生的老师

日本关东军突袭沈阳后，1931 年制造了震惊世界的"九一八"事变，黄自老师带了他的四大弟子贺绿汀、江定仙、陈田鹤、刘雪庵，还有年轻的廖辅叔老师和其他学生来到浦东宣传抗日，提着竹筒，挨家挨户劝大家捐款。一天下来，学生都跑累了，黄自却精神抖擞地走在前面。这一年黄自写了著名的抗日歌曲《抗敌歌》，他的歌悲壮激昂，闻者奋起，给学生很深的爱国主义教育。他身体力行，拥有高尚人格，使学生投入抗日歌作者的队伍中，人们说二十世纪三十年代中国音乐的进步与抗日救亡分不开。许多音乐家用歌曲这一门斗争武器投入救亡图存的战斗中。正如丰子恺所说，"抗战以来，艺术中最勇猛前进的要算音乐""只有音乐，普及于全体民众（像血液周流于全身一样）""前线的胜利，原是忠勇将士用热血换来的，但鼓舞士气，加强情绪，后方抗争文艺也有着一臂之力，而音乐实为主力"。

理论作曲专业是在黄自先生直接教导下发展的，他系统地教导学生专业知识和技能以及创作实践，是一位学识丰富、善于深入浅出地引导、启发学生前进的好老师。当时听过他课的学生都有此同感。

他要求学生多听（听音乐会）、多看（分析研究作品）、多写（创作实践），不要纸上谈兵。为了让学生学习配器方法，黄自还介绍陈田鹤和江定仙去听上海工部局管弦乐团排练，这一对好朋友总是带着小总谱去福州路菜场楼上，坐在指挥梅百器指定的地方，听了一个音乐季度的排练，他们受益匪浅。

他们亲切地把黄自称为黄师，黄师 1904 年 3 月 23 日出生在上海，1916 年到北京清华学校读中学，1924 年以优异的成绩毕业于清华学校，并获准以官费到美国留学。他选择了心理学为主科，来到美国俄亥俄州欧柏林学院。1928 年黄师从欧柏林学院拿到学士学位后又转到耶鲁大学音乐学院，翌年毕业，又获音乐学士学位。

1930 年上海国立音乐专科学校还在创办阶段，经费少，校舍简陋，师资更是缺乏，理论作曲除了萧友梅任主任外，教员只有黄师一人，许多课程落在黄师身上。黄师竭尽全力，为学生开设了十几门新课，如和声学、键盘和声学、单对位法、复对位法、赋格、配器、作曲初步、自由作曲等。白天，黄师除上课外，作为教务主任还要处理大量的教学行政工作；晚上，要准备第二天的课，常常工作到深夜。夫人汪颐年看他终日忙碌实在辛苦，劝他早些休息，黄师回答说："光自己懂是没有用的，只有充分准备好了以后，讲起来方能讲得通，让学生真正吸收进去。"黄自以渊博的学识、生动的讲课方式，深深地吸引着每个学生。

陈田鹤考试的时候交卷总是特别快，分数却又特别高，所以很受黄先生的器重。当时，黄自先生四大弟子当中，贺绿汀（1902 年生）、刘雪庵（1905 年生）都比陈田鹤年长，与老师年龄不相上下，且他们个性都很强。所以黄自先生对这个年龄小的陈田鹤十分喜欢。黄自先生还赠给他一个黑皮硬纸板夹，上面还用烫金的字写着"田鹤同学作曲用"。他很珍爱老师的这份礼物，即使后来逃难路途再艰苦，他也带着它跋山涉水。

陈田鹤对黄自先生备课的认真细致也表示由衷的敬佩。后来他自己教书，学生认为他讲课深入浅出，举例生动，善于掌握学生的特点，这与黄自先生当初的循循善诱的风格分不开。

学生赶去医院输血

1938 年 5 月，陈田鹤的音乐导师黄自先生患伤寒逝世，时年三十四岁。

黄自先生在医院住了一个月，第一个星期内热度很高，后来身体稍稍变好，能与来探望的亲友谈话如常。不料突于 5 月 9 日晨以肠出血过多长逝。逝世当日适值星期日，医生多离开医院，不无延误。

黄自先生临终前数小时自知病势不佳，告诉黄夫人说："快去请医生来，我不能就此死去，还有半部音乐史没有写完呢！"

黄师母跪在医生面前请他快些去看看，然而医生不耐烦地说："我该下班了。"拒绝前去。当陈洪老师带着"音专"的学生赶到医院要给黄自先生输血时，黄自先生已经不行了。

陈田鹤抱头哭恩师

消息传来，全校师生都十分震惊，后来由张昊写词，陈田鹤谱曲，写了《悼今吾宗师》的合唱曲，由管风琴伴奏。由于表达了弟子们的衷心哀悼，直至二十世纪九十年代巫一舟先生还要了这份谱子的手稿复印件作为纪念。

刚遇了清明谷雨，

门墙桃李未熟，

亭馆榛芜，

山河血污。

春归何处，

只剩下骄阳酷暑。

先生此去何匆匆，

抛下了半篇残著。

无数新声犹待谱，

满腔曲调埋终古。

江南春尽百花残，

杜鹃啼血声声诉。

天涯芳草漫漫路，

英魂永逝恨难补。

人生蝶梦不常驻，

圣哲终须化异物。

薤上露，本易晞，

况得长眠，在我国土，

更留得长歌数阕传寰宇！

在中国殡仪馆，苏石林先生（俄国低音大师）唱了 *Ave Maria*[①]，大家一起含泪唱了 "Nearest, My God to Thee"[②]。吴晓邦演奏了《葬礼进行曲》，击痛了每个人的心弦。望着眼前黄自先生苍白的遗容，陈田鹤感到空虚、寂寥，像走进了一个荒凉的世界。

当时贺绿汀、刘雪庵、江定仙都不在上海，5 月 10 日陈田鹤给他们写了一封信。

定仙、雪庵、绿汀诸兄：

刚从中国殡仪馆回来，我的头很沉重，眼前浮现着黄

---

① 即《圣母颂》。——编者注
② 大意为："更近我主。"——编者注

师苍白的遗容与无数双润湿的眼睛，我恨不能现在跟你们抱头痛哭一场！

　　据云：黄师的母亲曾恸绝倒地，黄师母痛不欲生。这悲哀是他们的，也是我们的，也是全中国音乐界的，我们以后永远不能再听见那样有远见的诚恳的谈话了！今后二三十年间中国的音乐界失了轴心，老天爷竟残忍地将尚在壮龄的黄师带走，一任这贫弱的园地荒芜了。

　　呜呼！黄师！其对乐艺之忠诚，能不令人感泣！据黄师母说，黄师在病中每于同学往谒之后，即独自低声哭泣；我们怎样才能报答黄师爱护我们之情的万一呢！

弟　田鹤，五月十日

　　这封信还告诉三位师兄弟：寄来纪念文字及乐曲，组织纪念委员会，举办纪念音乐会，整理先生遗著并出版，募集纪念奖学金。

自
说

致黄朴奇书

（一九一九年三月十三日）

叔父大人尊鉴：

来示读悉，所论一切，非常的当①。来示令侄亦表示意见。侄以适值星期，休业有暇，兹援笔录出少许，尚望于暇时指示。克鲁泡特金②尝谓：人生不仅为谋衣食住而已，亦须得美术③之兴味也。葛斯④谓：人生每日须聆少许之音乐，读少许之图画，吟少许之诗歌。约翰辣司金⑤曰：人生而无工作，则成罪

---

① 同"得当"。——"自说"部分脚注均为编者注
② 克鲁泡特金（Pyotr Alexeyevich Kropotkin, 1842—1921），俄国无政府主义者、地理学家。
③ "美术"，"五四"时期中国文化界对艺术（Art）的统称。
④ 葛斯（Johann Wolfgang von Goethe, 1749—1832），今译歌德，德国诗人、剧作家、思想家。
⑤ 约翰辣司金（John Ruskin, 1819—1900），今译约翰·罗斯金，英国政治家、艺术评论家。

恶；工作而无美术，则为野蛮。此外，如托尔斯泰^①、康德^②、费希脱^③等名人，咸竭力提倡美术。彼等以为美术与世界社会之文化，有莫大密接^④之关系。自欧战^⑤告终以来，美术之呼声愈高，人皆以为物质文明终不及精神之文明也。自是美术愈占重要之地位。泰西达人^⑥之提倡鼓励者，前此固寥若星辰，于今则恒河沙数矣。我国虽步后尘，然如蔡子民^⑦等，亦稍提倡，盖世界大势已变迁矣。夫音乐者，美术中之最高尚者也。故托尔斯泰曰：音乐能发表个人之思想，其价值在其他美术之上。盖音乐不仅为娱乐品，其功效良多。爱狄孙^⑧曰：音乐能增高人之志气，消减人之忿恨。马陆尔^⑨曰：音乐之目的，在使人格高尚而已。萨葛雷^⑩曰：音乐不能遏止，其功效无量。能动人友爱和平之心，为常人所不能。故暴躁之人而习音乐，则性可改为温和；多愁之人而习音乐，则性可改为悦乐。此世人所共知者也。推而广之，音乐与生理学、心理学，以及人群社会，俱有极大之关系。中国之于音乐，今虽渐似废弛，及乎古代，亦以为一种

---

① 托尔斯泰（Lev Nikolayevich Tolstoy，1828—1910），俄国作家。

② 康德（Immanuel Kant，1724—1804），德国哲学家。

③ 费希脱（Johann Gottlieb Fichte，1762—1814），今译费希特，德国哲学家。

④ 即"密切"。

⑤ 欧战，指第一次世界大战。

⑥ 指西方各国通达事理的人。

⑦ 蔡子民（1868—1940），名元培，浙江绍兴人，教育家。

⑧ 爱狄孙（Joseph Addison，1672—1719），今译艾迪生，英国散文作家。

⑨ 马陆尔（Luis de Morales，1510?—1586），今译莫拉莱斯，西班牙画家。

⑩ 萨葛雷（William Makepeace Thackeray，1811—1863），今译萨克雷，英国作家。

学问。孔门六艺，乐居次位。此外，如周公等大贤，亦颇重视之。可见无论中外，无论古今，音乐为有用之学问也，明若观火矣。自物质文明之渐行淘汰，生产能力自不占重要地位。即使求学仍然居要位，然人之求学，人之学问，亦不能仅此点入眼。因今日各种学问，除实业之外，更无他矣。教育也，政治也，等等均非生产之学问也。如求学以生产能力为标准，则人人将从事实业，教育、政治等界将无噍类①矣。至于法、意之奢侈淫靡，非音乐之罪也，乃其国人自误用之耳。德国在欧战以前，在教育，在实业，在军备，均是首屈一指，而其国之音乐亦执牛耳。罗马，古之美术中心也，国跨欧亚，版图之大，古所罕有，则音乐美术不能使国奢靡也，明矣。夫法、意之不振，乃由其国人用之不当耳。夫医药足以疗病，然亦足以杀人；刀枪足以自卫，亦足以伤身。定其利害，在视其用之当否耳。天下之物，皆然也。岂独音乐美术而已哉！故设使教育家只知盗虚名，政治家只知刮地皮，实业家只知营利肥己，则亦将与法、意之误用美术等也。然侄之研究音乐者，课余自好之意耳。其于功课不敢废弛也。其有何害乎。北京日来天气甚冷，温度总在冰点②以下。今日降至十二度，河中复结冰。余后禀，肃此敬请

---

① 噍（jiào），通"嚼"。噍类，指活着的人。
② 零摄氏度。

春安

侄

自　谨上

三月十三

家庭与音乐
——在上海家庭日新会[①]举行的欢迎会上的讲话
（一九二九年九月一日）

黄四由[②]演讲

音乐专家黄君《家庭与音乐》

（前略）

略谓音乐为人类固有之本能，陶情淑性，舍此莫由。美国家庭多有音乐设备，教养子女，以音乐为必需条件，故能蔚成康乐和亲之风气。故音乐教育在中国今日占极重要之地位，应自学校与家庭切实注意。音乐之趋势，当趋重于西乐。但国乐亦有可取之点，而未可漠视。关于民间通行之民歌，亦不无可采之处。即如欧美各国，一方尽量吸收外国著名歌曲，一方尽量保存固有民歌而发扬光大。如俄国国民派[③]之音乐家，均是如

---

① 上海家庭日新会：黄炎培创立的组织。
② 四由：黄自的号。
③ 指俄罗斯民族乐派。

此主张。此则颇足供我国音乐家之参考云。

继黄君言，音乐足以表示其人之性情及思潮之趋向。换言之，足以表示人之心理而已。然亦足以改变人之性情，矫正人之趋向。粗暴者闻音乐则性情和乐而安详，颓丧者听音乐而精神振奋。《诗经》云歌舞足以感人；《列子》有河伯鼓瑟，游鱼出听。音乐之感人深远有如此。今日人类之弱点多矣，吾人救济之，当以音乐为最大之任务。如粗暴及一般人无秩序，音乐均有此种力量，可以帮助教育与政治，而有转移风气、改革社会之功用。国人似应有组织研究，对于音乐上应有一种伟大之运动也。

在上海国立音乐专科学校
第一届毕业式上的讲话

（一九三三年六月二十三日）

（前略）

次由教务主任黄今吾①先生演说。大意谓前此之音乐大家于成名之后，仍旧不断的研究。譬如Bach②与Brahms③两位于其成名之后，每早仍旧作四部合唱的练习曲；Paderewski④每于旅行之际，在火车上常携带哑键盘⑤练习；又如小提琴家Kreisler⑥每日必练习音阶多次。有某君在旅馆闻邻房之客，每日用小提琴练习音阶，其音甚小，许久不休息。问之居停⑦，则Kreisler也。

① 今吾，黄自的字。
② 巴赫（Johann Sebastian Bach，1685—1750），德国作曲家。
③ 勃拉姆斯（Johannes Brahms，1833—1897），德国作曲家。
④ 帕德雷夫斯基（Jgnacy Jan Paderewski，1860—1941），波兰钢琴家、作曲家。
⑤ 哑键盘，不发出声音的键盘，供练习用。
⑥ 克莱斯勒（Fritz Kreisler，1875—1962），美籍奥地利小提琴家、作曲家。
⑦ 居停，指寄寓的处所。

某君惊讶不已，叩门访之，并问其何以小提琴大家，仍练此初级技术？ Kreisler 答曰："我之所以能有些造就，全在乎此。"某君乃大悟。即此一端，可见音乐一道，非有恒心练习，不能成功。吾国俗语说："唱不离口，拳不离手。"就是这道理。盼望诸位毕业同学以后仍旧不断的练习和研究。

个人计划

（一九三四年一月）

我们教书匠大部分的工作是不劳自己来计划的。上有教育部，下有教务处，早替我们将哪一天开学，哪一钟点上课等等都规定好了。就是教材的编制，也无非是旧酒新囊，炒炒冷饭而已。所以我个人之来年计划，只限于自己在授课之余想做的一点事情。这原来也不值得公开。但"各言其志，于义何伤"，故书数语于后。

数年前，我就有写两本介绍西洋音乐乐理的书——《和声学》与《西洋音乐史》——之志。间虽曾撷拾材料，参考名著，并在学校担任此两科若干年，但终觉才微识浅，不敢率尔操觚。现在却想鼓着勇气试一下。这决不是因为自信才能增进了，足以胜任此事；实在由于感觉到授课无教本之难，学者无适当书读之苦，而不得不硬着头皮，老着脸皮，不自量力地来做些聊胜于无的工作罢了。这两书不是一年中可以完竣的，但明年至少须着手编撰，完成其一小部分。此外当然还希望能多作些曲；可是作曲完全要看老天能否给我感兴而定，所以决不能预定什么计划的。

调性的表情

（一九三四年七月）

　　作曲家表情的方法很多：或以曲调，或以和声，或用节奏及音色。但我以为最细腻而微妙的要推调性的表情。二千余年前的希腊人已经有某种调含某种道德意义之说。譬如 Dorian 调[①]表示庄严英武，所以尚武的斯巴达人只许用这调的音乐来劻训一般少年们，他们觉得 Lydian 调[②]是奢侈淫乐的象征。这种见解千余年后，还是有人表同情的。弥尔登[③]的 *L'Allegro*[④] 诗中不是有这样的话吗？

　　"Lap me in soft Lydian airs."[⑤]

---

① 即多利亚调式。

② 即利底亚调式。

③ 弥尔登（John Milton, 1608—1674），今译弥尔顿，英国诗人、思想家。

④ 即《快乐的人》。

⑤ 大意为："用轻柔的利底亚舞曲拥抱我。"

德来顿[①] 也有同样的句子：

"Soft sweet in Lydian measures

Soon he soothes his soul to pleasures." [②]

十七世纪以来，西洋音乐运用两种主要音调——大调与小调。这两种调给听者以不同的印象。笼统的说，大调是快乐而欢腾，小调则悲伤而沉闷。我们或者也可以说大调是阳性而近于刚，小调是阴性而近于柔。话虽如是，不过有时小调也可以含蕴轻快欢忭的情绪，如维华地[③]的《小提琴 A 小调音乐会曲》[④]之首章，或巴赫《平均律钢琴集》[⑤]第二首《C 小调赋格曲》。这两曲都充满了煦和的阳光而无丝毫愁云的笼罩。反之，许伯尔脱[⑥]二首最凄厉的歌《自己的鬼影》（ Der Doppelgänger ）及《死神与少女》（ Der Tod und das Mädchen ）临末了都用大三和弦结束[⑦]而带些转入大调的意味。此处好像写出一种强自抑制而倍觉凄婉的深情。这样看来，与其说大调是快乐、小调是悲哀，倒不如说大调表示一种有节制的情感，而小调则表示一种未经约束

---

① 德来顿（John Dryden，1631—1700），今译德莱顿，英国诗人、文学家。
② 大意为：
　"利底亚调式轻柔甜美
　他的灵魂很快就会得到愉悦的抚慰。"
③ 维华地（Antonio Lucio Vivaldi，1678—1741），今译维瓦尔第，意大利作曲家。
④ 即《a小调小提琴协奏曲》。
⑤ 即《平均律钢琴曲集》（ Well-tempered Clavichord ）
⑥ 许伯尔脱（Franz Schubert，1791—1828），今译舒伯特，奥地利作曲家。
⑦ Tierce de Picardie.

或无法约束的一种热情。我们试比较韩德尔①《扫尔》②圣乐中之《死亡进行曲》与肖邦之《丧礼进行曲》③，就可以完全明瞭了。

大调的色彩是鲜明的——好似晚霞那般的红，晴空那般的绿。小调是幽晦的——或如薄暮的暝色，或如昏夜的漆黑。慈母的催眠歌与教堂里的颂圣曲，差不多没有用小调的。假使韩德尔写 *Hallelujah Chorus*④ 用小调，其结果当不堪设想。此外，庄严的国歌、歌剧中嘹亮的花腔歌曲都是非用大调不为功的。孟德尔颂⑤《以利亚》(*Elijah*) 圣乐中最为精彩的一段合唱 "Behold! God the Lord Passes by"⑥，前半描写山崩海啸时完全用小调，及至上帝降临忽转至大调，使我们马上可领会一种慰藉而镇静的意境。许伯尔脱的《夜曲》⑦有几个地方倏而大调倏[而]小调，很足以表示爱情的两方面：快乐与痛苦。赵元任先生《海韵歌》(《新诗歌集》，第 35 页) 中的过板⑧，起先三次都在大调，待最后一次则改入小调，凄楚不成声。此处刻画女郎之悲剧可谓入木三分。还有法国《马赛革命歌》⑨也有一段用大、

---

① 韩德尔（George Friderick Händel，1685—1759），今译亨德尔，德国作曲家。
② 今译《扫罗》(*Saul*)。
③ 今译《葬礼进行曲》(*Marche funèbre*)。
④ 即《哈利路亚大合唱》。
⑤ 孟德尔颂（Felix Mendelssohn，1809—1847），今译门德尔松，德国作曲家。
⑥ 大意为："看哪，耶和华从那里经过。"
⑦ 今译《小夜曲》(*Standchen*)。
⑧ 即过门。
⑨ 今译《马赛曲》(*La Marseillaise*)。

小调表现得很淋漓尽致。"Ils viennet jusque dans nos bras."[①] 用小调，实写神州陆沉、豺狼当道的一种凄凉丧颓景象；及至 "Aux armes citoyens!"[②] 一句忽回大调，便似久经压迫的民众突然振作奋发起来，充满着"宝刀兮在手，血溅仇人头"的气概。

有时不必整段转调，单单一、二个和弦已可生色不少。舒曼《献词》歌中的第二句：

"Du meine wonn, o du mein Schmerz."[③]

Wonn（快乐）字上他用了一个大三和弦，Schmerz（痛苦）字上就把原来的三度音降了半步。这样一来，一苦一乐的情绪就判然分明了。此处容我插一、二句题外的话。这首歌译成英文时成为：

"Thou both my joy and sadness art."

这位译诗者因要押韵，所以将 "art" 字倒过来。可是这一倒，舒曼也就倒霉了——一番苦心微旨[④] 再也显不出来。我想这位译诗的诗人自己也未必不知道这短处。可是要保持诗格，要押韵，他也就顾不得许多。但我决信世界上必有译歌者颟顸从事，这些微妙入细之处，他完全连梦也不曾做到过的。又要顾诗，又要顾乐，译歌的难真可谓两难。从此我深信最高深的艺术歌是不容易

---

① 大意为："他们冲入你的臂膀间。"
② 大意为："武装起来，公民们！"
③ 大意为："你是我的快乐，你是我的痛苦。"
④ 即"苦心孤诣"。

译，或竟是不可译的。世上译歌之所以流行者，一半是由于译者之不知天高地厚，一半是因发行者之唯利是图，从纯粹乐艺立场上看来，他们多半是作曲者的罪人、艺术的蟊贼。

言归正传，小调虽说沉闷，但变化多而易使，顾初学作曲者多喜用之。大调用得不小心就会俗气，而小调则不易有此流弊。况且悲哀的作品根本上就比快乐的易于动人而受欢迎。Corder氏曾详细研究名作家用大、小调之倾向。柏塞尔[1]的作品中小调较大调为多；巴赫则大、小调各半；韩德尔的音乐最堂皇富丽，所以大半是大调的；海登[2]的音乐好似天真浪漫的小孩子不知愁为何物，故只有十分之一用小调；莫札尔特[3]与海登相仿佛；贝多忿[4]与许伯尔脱的作品，四分之三用的是大调；最后肖邦与孟德尔颂，也许两人都深得巴赫影响之故，大、小调的次数几相等。

现在让我们看大调之所以欢乐与小调之所以沉郁，有没有科学的依据。研究声学的学者告诉我们，一个基础音发音时，上面同时发出许多泛音。这些泛音都有一定自然的程序，是谓调相级数。如下例：

---

[1] 柏塞尔（Henry Purcell，1659—1695），今译普塞尔，英国作曲家。
[2] 海登（Franz Joseph Haydn，1732—1809），今译海顿，奥地利作曲家。
[3] 莫札尔特（Wolfgang Amadeus Mozart，1756—1791），今译莫扎特，奥地利作曲家。
[4] 贝多忿（Ludwig van Beethoven，1770—1827），今译贝多芬，德国作曲家。

谱例 5

大调的主要和弦是大三和弦（在 C 大调为 C、E、G 三音）；小调的主要和弦为小三和弦（在 C 小调为 C、♭E、G 三音）。我们参看上谱即知大和弦是自然的——由第四、五、六三泛音所构成；小和弦是人为的——勉强以第十九泛音来替代第五泛音而成。我们听见 C 音，自然而然就会希望大三度的泛音在他上面，假定不能得到——如在小三和弦——那么我们就要失望。因为这个原故，小调就暗示失望与悲哀。进一步说，C 小三和弦的♭E 音与基础音上的自然第五泛音 E 相矛盾，这就能使和弦不响亮而带些阴森的意味。大、小调表情的物理根据是如此，但此外尚有更重要的心理作用。在先的几个作曲家用了大调表示欢乐，小调表示痛苦，后来者仿效之，久而久之遂成为牢不可破的习惯。所以我们今日一听小调就联想到悲哀，一听大调就联想到欢乐。

*   *   *

大、小调表示不同的情感已成为不可否认的事实。此外有许多作曲家还以为每一个调在表情上都有他特殊的色彩。贝多忿说："B 调是黑暗的调。"① 他还觉得♭D 调最威严。格鲁克在 *Alceste*② 及 *Iphigenie en Aulide*③ 两歌剧中凡祈神肃穆时，都用大调。韦伯在《自由射者》④ 歌剧中以 C 小调描写恶魔；♭E 大调，虔敬祷祝；♭D 大调，天谴；C 大调，欢乐；D 大调，民众。

　　用调性表情最缜密的，总要推瓦格纳尔⑤ 了。在《汤好色》⑥ 歌剧中，荒淫的爱神歌时总用♯［升种］调，圣洁的以利莎伯⑦ 则用♭［降种］调——尤其是♭E，而♭D 大调则用以表示宁静肃穆的神情。在《罗汉格林》⑧ 剧中，A 大调是代表豪侠的罗汉格林，而♭A 与♭E 大调代表纯洁的爱莎尔（Elsa）。C 大调在《领袖歌者》⑨ 剧中表现领袖歌者的守旧与顽固；♭E 大调反衬新艺术的反抗与嘲弄领袖歌者。所以最后萨克司（Sachs）转入♭E 大调就暗示他的同情与新艺术。在《特立斯坦》⑩ 剧中，A 调代表爱情，C 调代表命运。这本歌剧的序曲不是 A［调］与 C［调］替换着用而终结在 C 调上吗？这就是说爱情与命运常冲突，而命运终能克服爱

---

① H moll schwaze tonart.
② 即《阿尔切斯特》。
③ 即《伊菲姬尼在奥利德》。
④ 今译《自由射手》（*Der Freischütz*）。
⑤ 瓦格纳尔（Wilhelm Richard Wagner，1813—1883），今译瓦格纳，德国歌剧作曲家。
⑥ 今译《汤豪舍》（*Tannhäuser*）。
⑦ 今译伊丽莎白。
⑧ 今译《罗恩格林》（*Lohengrin*）。
⑨ 今译《纽伦堡的名歌手》（*The Mastersingers*）。
⑩ 今译《特里斯坦与伊索尔德》（*Tristan and isolda*）。

情之意。在《帕雪法尔》①剧中，♭A与C大调描写圣洁；♯C小调，痛苦；D小调，死亡。此外在他的杰作《尼伯龙的指环》②四套剧中，瓦格纳尔更有复杂的调性表情法，可惜限于篇幅，只得从略，不及细述。

不独创作家以为调性有特殊表情色彩，欣赏者往往亦有同样观念。德国诗人Schubart③（不是作曲家Schubert）说♭E小调好像一个白衣的少女，胸前戴了红结。这位诗人也许有点想入非非了。听了♭E小调而会唤起与他同样意象的，我恐百人中找不出一人来。我虽没有像Schubart那样敏锐的想象力，但对于格鲁克，韦伯与瓦格纳尔的选择其调以表示某种特殊情感则完全赞同。我还以为对于调的情趣，各人有各人的解释，见仁见智，不能尽同，亦不必尽同。譬如我个人以为B大调是浪漫的，最适于描写"月上柳梢头，人约黄昏后"一般的情景；B小调最悲壮，写"风萧萧兮易水寒，壮士一去兮不复还"最为得力。此等个人私见，诸君尽可反对。然而有一点我以为凡有耳朵的人都不能否认的，就是只要将一歌曲改高或改低半音（Transpose）时，它的意味就会大不相同——好像一幅看惯了的画，忽然变了颜色那般的可怪。谓余不信，可在钢琴上用原调♭G弹特华侠

① 今译《帕西法尔》(Parsifal)。
② 今译《尼伯龙根的指环》(The Nibelungen Ring)。
③ 舒巴尔特（Christian Friedrich Daniel Schubart, 1739—1791），德国音乐家，诗人，作家。

克 ① 的 *Humoresque* 曲 ②，然后改至 #G 调。诸君立刻会觉得此曲之温柔和婉，就牺牲了一大半。或者还可以将许伯尔脱的《军乐》③ 改入 ♭D 调，那么勇武勃发之气也就要减色不少。

舒曼说："作曲家之所以用某调来描写某种情感，与其创作力之同样不可思议。"又云："作曲家每能于不知不觉中选择最适当的调，譬之画师之配合色彩本不必加以思索。"法朗慈 ④ 不许人家将他的歌曲任意改调，因为他觉得自己所选的调就是传染 ⑤ 歌词最适当的色彩。他这样说："我死后当然无法；但只要我活着，我一定要起来反对的。"有的音乐书店，因为推销关系，不理他；法朗慈竭力抗议，甚而至于不肯再认那些经改调的歌是他自己作的。

以上所讲的也许有人以为太玄秘了。其实不然，调的特殊音色，至少一部分是有科学依据。小提琴上最响亮的调是 G、D、A、E 四大调。因为这四调的音中好几个恰是琴上空弦所能奏出的，空弦奏出的音要比"按"而奏出者为响亮，因为弦身长而震幅大。再者我们知道与振动数有密切关系的弦能"共鸣"。所以小提琴 G 弦上奏 A 时，A 弦亦能自然响应，而使所发的音特别洪亮。在弦乐队作品中，我们找不出一首嘹亮的曲子而用

---

① 特华侠克（Antonín Leopold Dvořák，1841—1904），今译德沃夏克，捷克作曲家。
② 即《幽默曲》。
③ 今译《军队进行曲》(*Military March*)。
④ 今译弗朗茨。
⑤ 意为"传递"。

^bG 大调的。因为 ^bG 大调完全用不着空弦，而空弦亦不能为之声援。

白利渥慈^①在他著名《乐器配合法》^②书中，拟了一张小提琴各调音色表，兹录于下。

	大调		小调
C	威重，但沉闷而略带模糊	C	幽暗而不响亮
♯C	较 C 调为优雅	♯C	悲惨，响亮，优雅
♭D	庄严	♭D	严肃，不甚响亮
♮D	欢乐，噪聒而略带俗气	♮D	阴郁，但响亮而略带俗气
♭E	庄严，温雅，不甚响亮	♭E	极模糊，但悲怆
♮E	嘹亮，宏壮	♮E	有如哀号，但亦略带俗气
F	精劲	F	阴森，不甚响亮，但颇猛烈
♯F	响亮，勇决	♯F	悲怆，响亮，坚决
♭G	较为柔美	♭G	技术上不适用
♮G	愉快，但略带俗气	♮G	抑郁，颇响亮，婉柔
♯G	沉闷，但颇庄严	♯G	不甚响亮，悲怆，优雅
♭A	幽静，神秘	♭A	极幽暗，悲怆，但庄严
♮A	嘹亮，愉快	♮A	颇响亮，柔和，悲怆，而有威严
♭B	庄严，但无特色	♭B	极幽暗，粗哑，但庄严
♮B	庄严，响亮，容光焕发	♮B	极响亮，猛烈，狂暴，而带不祥之音
♭C	庄严，但颇沉闷	♭C	技术上不适用

———————————

① 白利渥慈（Louis Hector Berlioz，1803—1869），今译柏辽兹，法国作曲家。
② 指柏辽兹著《现代乐器学和管弦乐法》。

按：白利渥慈认为 $^\sharp$C 与 $^\flat$D、$^\sharp$D 与 $^\flat$E 等普通称为"同音异名调"[①]
的音色不同。在平均律的乐器（如钢琴）上，$^\sharp$C、$^\flat$D 当然是一
而二，二而一。然一部分的音乐家认为在弦乐器上 $^\sharp$C 较 $^\flat$D 约高
八分之一全音（"毕达哥拉斯微音差"[②]）。不消说白氏是赞成这
派理说的。

*　　*　　*（此处为分隔符号）

铜乐器亦然，调之响亮与否，全视其含自然音（Open notes）
之多寡而定。钢琴上则有一特殊情形，我们总觉得 $\flat$ 的调比较柔
美。须知奏钢琴按键而使内部的锤击弦，是纯由杠杆作用。黑键
比白键要短二吋[③]，换言之，黑、白键间，重点、支点间之距离很
有差池。所以我们如用同样的力量来按键，白键的锤击弦时就会
比较重些。再者因为键盘的特殊布置，我们弹黑键时，须将手腕
略为抬高，结果是减少压力。有这二层关系，钢琴黑键的音确较
白键的音为柔美。

*　　　　　*　　　　　*

各调音色之不同要算在转调时最显著。勃拉姆斯《第四交

[①] Enharmonic Keys.
[②] Comma of Pythagores.
[③] 吋，即英寸，"二吋" 约五厘米。

响曲》第二章之开场，用的是古 Phrygian 调①，很有些"蹄宇宙而遗俗兮"②的意味；及至第五小节转入 F 大调时，又好似到了尘世一般。普通下行级进转调表示萧条沉郁。贝多忿大曲 Op.27. No.2〔即俗称《月光曲》(*Moonlight Sonata*)〕之首章是描写他自己失恋后之苦闷与消极，所以起首十五六小节的转调是由 ♯C 而 ♮C 而 B。反之，欲描写情感紧张则最宜用上行级进转调。许伯尔脱《魔王》(*Die Erlkoning*) 一曲中小儿凡三次惊呼"阿父！阿父！"③而每次均较前高一级——G 小调、A 小调、♭B 小调。瓦格纳尔在《汤好色》剧第一幕中让汤好色第一次用 ♭D 大调唱颂爱神歌，第二次转 D 大调，最后至 ♭E 大调，也是有同样的用意。

此外向 ♯ 较多或 ♭ 较少的调转调，每能得到响亮的感觉。贝多忿大曲 Op.13 由最沉闷之 ♭A 小调转至最嘹亮的 E 大调。此段与《第五交响曲》④第二章第二十六至三十节间由 ♭A 转至 C 大调的一段有同样的云开日见、忽然晴朗那般爽快。许伯尔脱在 *Du bist die Ruh*⑤曲中 "Dies Augenzelt, Von Deinem Glanz"⑥句时用了由 ♭C 至 ♭A 的美妙转调，很足以显出爱人"秋波那一转"的神光。拙著《春思曲》"分色上帘边"一句也算是东施效颦了。此处因要

---

① 即弗里几亚调式。
② 语出《后汉书·蔡邕列传》。
③ Mein Vater, mein Vater！
④ 即贝多芬《第五交响曲》。
⑤ 即《你是安宁》。
⑥ 大意为："你的光辉照亮我的双眼。"

写出晴光泛彩的样子，所以用了♭A 至 E 的忽然转调。

　　要幽暗的色彩当然须向相反的方向转调——转往♭较多或♯较少的调。贝多芬 *Adelaide*① 中段 "Abend lüftchen im Zarten" ② 由 F 转到♭D 大调，形容暮色可谓入微。因要写出宁静的神情，所以舒曼在《献词》歌中段 "Du bist die Ruh" ③ 一句起由♭A 转入 E 调——（此处 E 调实是♭F 的同音异名调，因为简明易读故用之）。转入♭调最神妙的一段，据我一时想起的要推许伯尔脱《未竟交响乐》④ 第二章尾声中之一段。小提琴在 E 大调独奏五小节后，管乐器忽接着在♭A 大调奏最庄严、最美的曲调。此段实在太神妙了，我无法用言语形容之，只得让读者诸君自己去体会罢。

　　运用转调还可以写出两种不同的意境。赵元任先生《上山歌》的末一段，因作者要"得一种山顶上看日出的响亮的感觉"，所以不回原调（♭B）而至较高半音的大调。又《过印度洋》⑤ "我美丽亲爱的故乡"一句，也很巧妙。此处欲写出千里外"故国神游"而用突然的转调，可谓最得体。最后描写两种不同个性时，转调也是个好方法。莫札尔特在 *Figaro*⑥ 剧中每值一新角上台时必转一新调，是值得我们注意的。舒曼在他的歌曲中往往亦用

---

① 即《阿德莱德》。
② 大意为："温柔的晚风。"
③ 大意为："你是平静。"
④ 今译《未完成交响曲》（*Unfinished Symphony*）。
⑤ 赵元任曲。
⑥ 即《费加罗的婚礼》。

此法，今姑举两首为例：*Waldesgespräch*① 曲中当 Lorelei② 女妖唱时不是从 E 调忽然转到 C 调么？在《荷花》(*Die Lotoshblume*) 中那更妙了。当诗人叙述美人一般的荷花时，用的是 F 调，及讲到她的情人"明月"则急转 ♭A 调；可是当回头再说荷花，音乐也随着转回原调。这种表情法是何等细腻，何等微妙！

_____

① 即《森林对话》。
② 即罗蕾莱。

怎样才可产生吾国民族音乐

（一九三四年十月二十一日）

目前吾国音乐正在极紊乱的状态中；原有的旧乐已失去了相当的号召力，五花八门的西洋音乐像潮水般的汹涌进来，而新的民族音乐尚待产生。在这种情形下，当然不免有许多矛盾的见解。一部分的人以为旧乐是不可雕的朽木，须整个儿的打倒，而以西乐代之。这些人的错误是在没有认清凡是伟大的艺术都不失为民族与社会的写照。旧乐与民谣中流露的特质，也就是我们民族性的表现。那么当然是不容一笔抹煞的。另有许多人认为振兴中国音乐只有复古的一法，他们竭力排斥西乐，并说西乐就是不爱国。这种见解当然也是不对。

文化本来是流通的。外族的文化，只要自己能吸收、融化，就可变为自己的一部分。主张绝对排斥西乐的先生们一定忘了他们今日所拥护的"国乐"，在某一时期也是夷狄之音。国乐中最主要的乐器，如胡琴、琵琶、笛等，何尝不是由西域传入的呢？不过当我们把它们融化了时，就可算我们自己的东西了。再者，一国的文化，要不与外族的文化相接触就永远没有进展的可能。吾国音乐为什么在唐朝最盛？就是因为当时与西域印度音乐接触的缘故。请在西洋音乐史上再举以事实来证明之。百年前，俄国在欧洲音乐界上是毫无地位可言。可是最近五六十年来突飞猛进放一异彩。原其故，俄国从前虽极富民谣，但与各外国音乐都不发生接触。等到十八世纪中叶，德、法的音乐充量地输入。于是这支生力军，变成一大原动力，启发了俄国音乐的许多新境地。俄国音乐家将自己固有的民谣用德国科学化的作曲技术发展起来，结果就造成一种特殊的新艺术。

我想我们中国将来的民族音乐，自然而然也会走上这条路。把西洋音乐整盘的搬过来与墨守旧法都是自杀政策。因为采取了第一办法，我们充其量能与西洋音乐进展到一样水平线罢了。况且这也不一定办得到，因为不久他们自己也要变新样子，那时我们在后面亦步亦趋，恐怕跟起来很费力罢。所谓"乡下姑娘学上海样，一辈子也跟不上"，因为"学得有些像，上海又改了样"。至于闭关自守，只在旧乐里翻筋斗，那么我们的祖宗一两千年来也翻够了。我恐也像孙悟空一样，再也翻不出如来佛的掌心。况且在现在情形之下，我们也无法阻止西乐东渐。西乐自会不速而来，我们的门再也关不住的。因为这是自然而非人力可以挽回的趋势。

平心而论，西乐确较国乐进步得多。他们记谱法的准确，乐器的精密，乐队组织规模之大，演奏技术之科学化，作曲法之讲求，我们都望尘莫及。用历史的眼光看来，中国音乐进展的程度只可比诸欧洲的十二三世纪。这话好像壮他人志气灭自己威风，不过事情实在如此无可讳饰的。我们现在须知彼知己，取人之长以补我短。不然夜郎自大，适是自害，何尝是真正的爱国呢？

最后还有一句，就是西洋音乐并不全是好的。我们须严加选择，那些坏的我们应当排斥，而好的暂时不妨多借重。总之我们现在所要的是学西洋好的音乐的方法，而利用这方法来研究和整理我国的旧乐与民谣，那么我们就不难产生民族化的新音乐了。

《心工唱歌集》序

（一九三六年冬）

    记得二三岁时，父亲买了几本唱歌书回来，母亲常抱着我唱那书里的"摇摇摇，囡囡要睡了"[1]及"小小船，小小船，今朝聚会赛一赛"[2]等歌。不久，我也就学会了好几首。七岁，我进上海初级小学读书，记得上第一课唱歌，先生教的是《买花歌》[3]，什么"清早起，清早起，到园里，采几朵花来做小生意"。我在小学前后共五年，这时期中所学会的歌不下五六十首。因为我自小就很爱唱歌，所以一首首都唱得很熟，就是到现在大致都还能记忆。

    小时候唱歌本只是吟哦着，而不懂得歌词的内容；可是年纪稍长，知识渐开，有时回忆童时所唱的歌，咀嚼出词句的意

---

①《宝宝要睡了》，沈心工作歌，载1904年出版《学校歌唱集》。
②《小小船》，沈心工作歌，载《学校歌唱集》。
③《卖花歌》，沈心工作歌，载《学校歌唱集》。

味时，我就很想找出那些歌集来细细玩味，并看看作者到底是谁，书中还有些什么其他的歌。可是不幸家中所存的书已佚散了。我当时也曾到几家书铺中去寻觅。不过其时社会上正流行着《毛毛雨》一类的歌，而学校中也争唱这类香艳的调，我所要的歌书，坊间①竟已绝迹！于是我只得默默的期望那著者将来会把这些歌重刊的一日。

三年前应教育部之聘，编审全国音乐教材。②在许多的歌集中看到了沈心工先生的一本歌集；翻读之下，发现了我童时爱唱不释口的歌几乎全是先生所作。当时好像遇见了二十多年未见面的老朋友，是多么的高兴。

现在沈先生把这些歌重行付印，我的宿愿算是满足了。可是我现在所以深愿这本书出来，倒并不是单为了我私人的缘故，其中还有更重要的理由。那就是因为沈先生这本歌集在吾国音乐教育史上是有特殊地位的。沈先生起先编著这些歌曲时，还在三十余年前。那时非但没有这类的书，连学校里简直还没有唱歌课。据教育部《第一次中国教育年鉴》③的记载，吾国小学课程规定有唱歌课最先在光绪二十九年（1903 年），那年就是沈先生起始编著歌曲的一年。我们因此可以说，先生是提倡音乐教

---

① 指书店。
② 1934 年 5 月 3 日，黄自与沈心工等十一人受聘为当时教育部设音乐教育委员会委员，黄自同时受聘为中小学音乐教材编定委员会委员。
③ 1934 年 5 月开明书店出版。

育最早者之一人。先生当时能独具慧眼，看到音乐教育的重要，编制新歌出来使后生学子得乐教之益，这个功绩是值得赞扬的。沈先生的歌集，风行最早。稚辉先生[①]所谓"盛极南北"[②]，确系实事而不是过誉。所以现在的音乐教师及歌曲作者多少皆曾受先生的影响，这一点贡献，也就了不起了。

沈先生的歌非但有历史的意义，歌的本身也自有价值。现在也许有一部分的音乐教师及学生因唱惯了富有诱惑性的艳歌，以为沈先生这些歌是"陈旧"，是"迂腐"。但事实已证明其反。最近教育部编的中学及小学音乐教材[③]，系由全国各书坊及各学校所编著之音乐教材三千余首中经十数专家审慎选出。中选的二百多首歌中，沈先生的作品几占全数十分之一。由此可见先生的歌曲，即在今日，大家仍一致公认为合乎标准的音乐教材。

沈先生的歌词都浅而不俗，但意义深长，耐人寻味。字句与音乐的配合，每甚相称。如《铁匠》《月下蛙声》《小兵队》《时计》等曲，词与音乐那样吻合是极显著的。这本歌集中的曲调，大都采自外国童谣。但有小一部分系先生自己的创作。就中我最爱《黄河》一首。这个调子非常的雄沉慷慨，恰切歌词的精神。国人自制学校歌曲有此气魄，实不多见。很可惜的是先生太自谦了，不肯轻易下笔，所以自谱的曲子不多。

---

① 即吴稚晖（1865—1953），江苏武进人。
② 此句出自吴稚晖为《心工唱歌集》所作的序。
③ 指《中小学音乐教材初集》。

　　最后我要略说沈先生作歌的精神。这集里大多数的歌，我在二十多年前已唱熟了的。但现在仔细看来，发现许多地方先生曾加修改。这样精益求精的毅力，足为吾辈的模范。再者这集内有几首歌是沈先生的近作，先生年已古稀，尚孜孜不倦，这种精神更值得我们钦佩。

乐评丛话

（一九三四年四月）

评论艺术难，而评论音乐尤难。"美"本来是相对而不是绝对的名词。一代有一代之标准，一地有一地之典型，而各个人亦有其所好尚。所以美术的理想、规律与技术每因时、地、人而常变。而批评艺术者必须先能充分了解作品的背景，才可下准确的评语。音乐在艺术中占特殊的地位。纯正音乐是表现而不是摹仿的艺术，与自然现象及人类生活都没有直接关系的。在绘画、雕塑、戏剧与诗歌中，内容与外形都是判然为二；而内容总不得不取题于人类或自然。独纯正音乐则不受外界任何约束与支配。她像叔本华①说的："别自有一天地。"音乐的材料——乐音——并不是自然界中之现象，乃由人类自由创造与选择的。她的内容完全由乐音的各种综合而产生。换言之，音

---

① 叔本华（Arthur Schopenhauer，1788—1860），德国著名哲学家。

乐的意义就是音乐本身。所以批评音乐的第一难处就是我们要先走进“音乐的世界”，懂了“音乐的方言”，才配说话。

在艺术的家庭中，音乐是年龄最稚、后生可畏的小妹妹。建筑、雕塑、戏剧、诗歌发育成长时，音乐尚在吃奶。那些大姊姊们在纪元前五世纪的希腊已到她们的黄金时代。她们的理想、规律和技术二千余年来实在没有起重大的变化。若以那时候音乐与现在的比，那就简直是不可同日而语了。不要说二千五百年前的音乐与今日的完全不同；就是三百年前的，也已面目全非。莎士比亚[①]的戏剧，弥尔登的诗，我们今日照样的吟诵；但他们同时代作曲家的姓名，已早不见于音乐会之节目单。再者莎士比亚，弥尔登用的字及文法与今日英文尚无甚差异；但三百年前的音阶与综合音的技术则与现在完全不同了。我敢说晚近三百年因音乐上所起的变化而产生的派别，较任何其他艺术为多。虽在同一时代、同一国中，但我们每发现完全矛盾的观念，完全不同的技术。因此造成评论音乐第二难处——观点的杂错与标准的难于确定。

因为有以上的特殊情形，一般人的音乐评论是不足恃的，曲高和寡，一般人所喜欢的音乐不是最高明的音乐，而他们的音乐常识与鉴赏能力又是异常薄弱。这一半是由于音乐的“别自

① 莎士比亚（William Shakespeare，1564—1616），英国戏剧家。

有一天地"与她意义的不易捉摸；而近代音乐在短时期间 ① 进步太速，使大众跟不上她，也是一个重要的原因。我们看下列两故事，就可知道一般人音乐程度幼稚的一斑了。斯坡耳 ② 告诉我们：一八二〇年英国演莫札尔特的《C 大调音乐会曲》③（之事）。当时用的钢琴高了半音，与管乐器不能和谐。演奏者并不予钢琴调律，而是马马虎虎以小提琴替洋管 ④ 及大提琴代替葛管 ⑤。最奇怪的就是在座的听众绝不惊讶这样不伦不类的改编。白利渥慈讲[过]一件更可笑的事：一八四八年伦敦演迈耳贝耳 ⑥ 的《恶魔罗伯》(Robert le Diable)。在公演前六日，戏的译本、乐队的总谱、分谱与化装的服饰都尚付阙如，即[使]主、副角亦未熟习各歌曲。但六月后照样公演，好在听众也分别 ⑦ 不出什么来。以上两件事不幸都发生在英国，但决不是在英国才可发生这样不幸的事。世界各国一般人了解音乐的程度其实都不过如此如此、这般这般而已。那么我们又怎可希望他们对于音乐能有准确的批评呢？

　　天才总是先知先觉，超时代的。所以当天才活着的时候，

---

① 即"短时间内"。
② 斯坡耳（Louis Spohr, 1784—1859）今译施波尔，德国作曲家、小提琴家。
③ 即《C 大调钢琴协奏曲》。
④ 即双簧管。
⑤ 即大管。
⑥ 迈耳贝耳（Giacomo Meyerbeer, 1791—1864），今译梅耶贝尔，德国作曲家。
⑦ 即"分解"。

一般人不会了解他。特皮赛^①说："一般人不能了解与欣赏新的音乐，因为与他们所习闻的'一种音乐'不同。"要他们养成听新音乐的习惯，据福耳特耳^②的推测需一世［纪］之久。许多现在公认为最伟大的作品，第一次公演时每为时人所唾骂鄙弃。音乐史上有数不尽这样的例。孟德味第^③的歌剧，因为首先用了未经预备的属七和弦而为时人攻击。拉莫，我们现在觉得他的作品很简单；然而当日，还说他写得太复杂。一节中有三十二个音符，在十八世纪初叶的人看来是非同小可。乐队中人说："这样快法，叫我们喷嚏都来不及打！"要不是马利·安他涅特皇后^④是他的学生，为他撑腰，我恐格卢克^⑤的歌剧不能轻易在巴黎排演吧！好几次歌者不肯照他写的谱唱，格卢克到无可奈何时只得用大帽子来压他们："我要请王后出来了！"莱比锡人们当时很责备巴赫不应该在赞美诗上配那些复杂而紊乱的和声。他的杰作《马太受难曲》(*Matthew Passion*) 在宗教音乐空气最浓厚的德国尚且活埋了一百年。作曲家中韩德尔比较的可算会迎合时人心理的。然而他初到英国时，他们听不惯他雄浑威严的音乐。有人很俏皮的劝他索性在乐队中添置几门大炮，以完成

---

① 特皮赛（Achille-Claude Debussy，1862—1918），今译德彪西。
② 福耳特耳（Voltaire，1694—1778），今译伏尔泰，法国文学家。
③ 孟德味第（Claudio Monteverdi，1567—1643），今译蒙特威尔第，意大利作曲家。
④ 即玛丽·安托瓦内特（Marie Antoinette，1755—1793），法国国王路易十六的王后。
⑤ 格卢克（Christoph Willibald Gluck），今译格鲁克，德国作曲家。

此大吹大擂的工作。贝多忿的《第一交响曲》、莫札尔特的《魔笛》(*Zauberflöte*)、勃拉姆斯的《第一钢琴音乐会曲》^①、瓦格纳尔的《汤好色》、特皮赛的《丕利亚与梅丽生德》^②及其他我们今日认为替乐艺辟一新途径的伟构杰作,第一次公演时哪个不挨人家几声倒彩?许伯尔脱《C 大调交响曲》完成时,维也纳乐队不肯为他演奏。说是太难了。后来许伯尔脱死后十一年,舒曼在故纸堆中发现了原稿,这首杰作才能与世人见面。唉!一般人对待艺术天才是何等刻薄!何等残酷!

文艺家应当对于音乐天才创作表同情了。但下面几段实事教训我们不要太奢望。托尔斯泰一代文艺评论的泰斗,但对于瓦格纳尔的艺术完全不谅解。在托氏《艺术论》(*What is Art?*)书中有一段很可发噱的文字,是他听了瓦格纳尔的《尼伯龙的指环》四套剧后写的。其大意如下:

"他(指龙)时时呼号,且张目作怪相,于是乐队也发了几声上气不接下气的怪声。

这实在是牵强而呆笨,我几不能终席。

我惊讶成人怎也会来听这无聊的儿戏。

全幕实在难堪,中间未曾有一些音乐。"

许伯尔脱六百多首歌中,七十二首采的是歌德的诗。我们

---

① 即《第一钢琴协奏曲》。
② 即《佩利亚斯与梅利桑德》(*Pelléas et mélisande*)。

一看《魔王》或《纺车畔之玛加莱特》①即可知许伯尔脱怎样能同情于这位大诗人。读《许伯尔脱传》最使我太息的就是当歌德七秩大庆的一年，许伯尔脱写了一封很恭敬的信，并附几首自己谱的歌德诗[寄]去，而他钦佩的诗人则置之不理。假使歌德是完全不懂音乐的人，我们当然能原谅。但他是喜欢音乐而能鉴赏的。有一时他每晨要他的小朋友孟德尔颂给他"音乐功课"（用歌德语）——将历代大作[曲]家的代表作循序的弹给他听。歌德之诗，许伯尔脱之谱，真可谓珠联璧合、锦上添花了，但歌德自己尚不知其伟大。由是观之，得一知音诚难矣哉！

　　音乐评论家中目光如豆者，亦颇不乏人，他们每像特皮赛说的，用"一种标准"来权衡派别不同的音乐。费帝斯②用批评莫札尔特的眼光来批评瓦格纳尔，自然不能了解这歌剧革命家的艺术了。约瑟·卢本斯坦（Joseph Rubenstein）骂舒曼没有贝多忿的思想与特质，也是徒读父书。十九世纪中叶许多评论家之所以抨击瓦格纳尔，还是因为他们觉得瓦氏的"新音乐""与他们所习闻的一种音乐不同"之故。一八五五年英国《音乐世界》（Music World）杂志称瓦氏音乐为"一种不受约束、野蛮狂荡、煽惑民众的乱响及恣肆纵欲的象征"。《星期日泰晤士报》

---

① 即《纺车旁的格丽卿》（Gretchen am Spinrade）。
② 费帝斯（François-Joseph Fétis, 1784—1871），今译费蒂斯，比利时音乐学家、作曲家。

（*Sunday Times*）更訾[①] 瓦氏为"横行无忌的江湖客"。这种论调当时颇有拥护者，但现在看来都不值一笑。

法国音乐院的"罗马奖"[②] 大半时间都为二三等的脚色抢了去，许多第一流作家反都名落孙山。白利渥慈为法国最伟大的作曲家，但试了五次方才得奖，音乐评论之价值可知矣。佛朗克[③] 在近代法国器乐占何等重要的位置。但他的伟大，是在他死后方为法人所认识的。一八八〇年他的《五部合奏》[④]（世界上三首最伟大五部合奏曲之一）公演后之一年——音乐院还不聘他而聘德李培[⑤] 为作曲系主任（当时佛朗克已任音乐院风琴教授）。他的交响乐第一次公演时的情形更是天才的一页伤心史。邓迪[⑥]，他的高徒，在《佛朗克传》书中这样说：

> 乐队中大多数队员很是不愿意公演这首交响乐的。全仗指挥者嘉生先生（Jules Garcin）的好意，与百折不挠之精神才得勉强告一段落。听众茫然一无所得，乐坛名人亦多如是。我曾征求其中之一人——音乐院教授级委员会中之要人——之意见。"那首交响乐，"他用很轻蔑的口气回答

---

① 诋毁。
② 即"罗马大奖"（Prix de Rome）。
③ 佛朗克（Cesar Franck，1822—1890），今译弗兰克，法国作曲家。
④ 即《F 小调钢琴五重奏》（Op.14 No.3）。
⑤ 德李培（Clément Philibert Léo Delibes，1836—1891），今译德利布，法国作曲家。
⑥ 邓迪（Vincent d'Indy，1851—1931），今译丹第，法国作曲家。

我，'但是老兄，谁听见过交响乐中用英国管的？请你举一首海登或贝多忿的例来看看。哼！你该知道，无论你们佛朗克的音乐是怎样，这终不成为一首交响乐'。"

有时我们以为"唯有天才方能识天才"（Only genius understands genius），但我可以引许多例来证明这句话也只是半真实。韩德尔看不起格鲁克；罗雪泥①憎恶韦伯；孟德尔颂觉得肖邦的音乐是危险的；而肖邦嫌贝多忿一部分的作品太粗鲁。许纳克（J. Huneker）认为舒曼在《嘉年华》②曲中仿效肖邦的作风竟赛过真肖邦，但肖邦还说《嘉年华》不好算是音乐。当肖邦接到舒曼的 *Kreisleriana*③ 曲（献给肖邦的）时，他冷冷地对门人说："他们德国人的书，装潢得却真漂亮！"没有人可怀疑白利渥慈是一位天才，但白氏也最不能了解其他天才音乐家。他不喜欢许伯尔脱；他以为巴来斯忒李那④ 没有丝毫的天才；他还说韩德尔只是酒囊饭袋——大肚子的啤酒和猪肉而已（韩德尔是一个胖子）。而他所最厌恶的就是世人所谓"音乐家之音乐家"——巴赫。一次在圣彼得堡，俄国乐师款待他时，演了巴赫的一首音乐会曲。他就说："我想他们不是故意来惹我发闷罢！"

----

① 罗雪泥（Gioacchino Rossini，1792—1868），今译罗西尼，意大利作曲家。
② 即《狂欢节》（*Garnaval*）。
③ 即《克莱斯勒偶记》。
④ 巴来斯忒李那（Giovanni Pierluigi da Palestrina，1525—1594），今译帕莱斯特里纳。

音乐家间不能互相了解的原故，有时固然是因为个人见地与技术的歧异，而起纯粹艺术上之争执。但有时也不免掺杂些感情作用。"妻子别人的好，文章自己的好"，是古今中外人情的通例。好像狗喜欢追赶自己的尾巴一般，人都是顾影自怜的。别人的作品往往是一面镜子，可以反映出自己的尊容来。若是映出的像漂亮，那么我就会说这面镜子好。不然不免就要开罪这面镜子了。

海登是莫札尔特的老师，但海登晚年的作品反受了莫札尔特不少的影响。莫札尔特的天分高，闻道早，不久就青出于蓝了。海登不以师尊自居，不耻下问，深究莫氏作品。当时有好事之徒，颇想引起海登之嫉妒以离间二人之感情。但海登作色曰："余所知者，莫札尔特实为当今之第一作曲家。"惜音乐史上爱才而旷达如海登者能有几人欤？普通的老辈音乐家对于少年作[曲]家往往没有好的评语——尤其是怀抱着一种新颖理想及运用新技术的少年作[曲]家。这是一半由于老辈的头脑冬烘，已不足以了解新艺术；而一半也因老辈的倚老卖老。老眼中就瞧不起乳臭未干的后生，所以绝不肯低下头来，虚心下气地去研究后进的作品。许伯尔脱一次拿了 *Alfonso und Estrella*[①]歌剧的稿子去就教于韦伯。韦伯在这少年作家头上灌了一盆冷水："头胎的小狗与处女作的歌剧都应该赐死的。"一八三一

---

① 即《阿方索与埃斯特拉》。

年肖邦到巴黎时，他的钢琴技术已炉火纯青了，可是自负的老Kalkbrenner^①要收他做三年徒弟，还说是特别看得起肖邦才肯教他呢。伏尔夫^②是"歌曲中之瓦格纳尔"，但当一八七五年伏尔夫抱着满怀热望，战战兢兢的去拜谒瓦格纳尔，这位大师只报之以白眼。

再者我们也不能否认音乐家间一部分的争执与攻击，是因人而不是因艺。瓦格纳尔的诋毁迈耳贝耳，皮罗^③的倒戈攻击瓦格纳尔，肖邦之挖苦泰而贝洛^④都带着些个人攻击的色彩。关于这点我又记起一桩很有趣的故事。费帝斯一向不满于白利渥慈的作品。一次白氏冒了十七世纪一个僧人（Piere Ducre）的名，写了一首圣诞小曲。公演后费帝斯竟竭力恭维，并说："我深知白利渥慈先生决写不出这样好的作品的。"像这样的个人攻击真是含血喷人，自己打自己的嘴巴。

大规模音乐论战的动机往往很复杂。"趣剧之论战"^⑤、"格鲁克与毕起尼^⑥之争"及瓦格纳尔与勃拉姆斯的笔墨官司固然也是因为艺术上见解的不同而起争辩，但一般无聊文人与斗篱音乐

---

① 卡尔克布伦纳（Frederic Kalkbrenner，1785—1849），法国钢琴家、作曲家。
② 伏尔夫（Hugo Wolf，1860—1903），今译沃尔夫，奥地利作曲家。
③ 皮罗（Hans Guido Freiherr von Bülow，1830—1894），今译彪罗，德国指挥家、作曲家。
④ 泰而贝洛（Sigismond Thalberg，1812—1871），今译塔尔贝格，奥地利钢琴家、作曲家。
⑤ 即"喜歌剧之争"。
⑥ 毕起尼（Niccolo Piccinni，1728—1800），今译皮钦尼，意大利歌剧作曲家。

家^①欲乘此时机趁火打劫，所以摩拳擦掌，呐喊助威，挑拨煽动，实是酝酿成这种热闹把戏的主因。卷在这类旋涡中角色的论调当然是偏狭而带些意气的。瓦格纳尔之信徒 H. T. Finck^② 谓勃拉姆斯之音乐乃呓语，与拥护勃拉姆斯之韩斯立克^③称瓦格纳尔之 *Tristan and Isolda*^④ 宛似犬之狂吠，确是针锋相对、异曲同工之无稽谈。要是我们不用不偏不倚的眼光看去，这种党同伐异、损人利己的论调，都是很无畏。

最后国家与民族观念往往亦能左右乐评。白利渥慈的 *Rakoźcy March*^⑤ 在匈牙利之所以受欢迎，韦伯《自由射者》在德国之所以风行，与美国人之所以捧特华侠克，英国人之所以尊剖赛尔^⑥都是同出一辙。反之，一六四七年罗息^⑦的歌剧在巴黎之失败，一八五九年白利渥慈在巴黎之拆瓦格纳尔的台，及一八七一年普法战争后，圣松^⑧等法国音乐家组织"国家音乐会"^⑨来排斥日耳曼音乐，都并不是不满意于艺术本身使然，而实由于国家与民族感情之冲动。

---

① 指目光短浅的音乐家。
② H. T. 芬克（H. T. Finck, 1854—1926），美国音乐评论家。
③ 韩斯立克（Eduard Hanslick, 1825—1904），今译汉斯力克，奥地利音乐评论家、美学家。
④ 即《特里斯坦与伊索尔德》。
⑤ 即《拉科奇进行曲》。
⑥ 即普塞尔。
⑦ 今译罗西（Rossi）。
⑧ 圣松（Charles Camille Saint-Saëns, 1835—1921），今译圣-桑，法国作曲家。
⑨ 即"国家音乐学会"（Societe Nationale de Musique）。

　　人的感情作用是一时的，但"艺术是永久的"。评乐时果然谁也不能完全脱离感情作用，但一时的毁，既不能使天才创作永久埋没；一时的誉，也不足以使平凡的作品免受时代的淘汰。所以只有时间是最准确、最公允的音乐评论家。

电影中的音乐

（一九三五年十月二十六日）

好像歌剧一样，有声电影是一种综合艺术，离不了音乐的。音乐在有声电影里当然没有像她在歌剧里那样的重要，但也决不容忽视。谁也不能否认：一部电影配上了合适的音乐就愈觉生动，愈觉出色。

吾国电影事业本属新进。演、摄等各方面都赶不上人家，音乐尤其落后。某誉满一时的有声片中的音乐在国产片中可算是顶刮刮的了，但在苏联公映时，人家仍讥其为太幼稚。那么其他可想而知了。大部分国产片中之音乐非但幼稚而且恶劣万分。推其故不外两大原因：一、民众音乐程度太幼稚；二、音乐人才缺乏。

因为民众的音乐程度低，所以聪明的导演就这样算计："观众要音乐无非凑凑热闹而已。好的、坏的他们何尝懂得，那么马马虎虎，对付对付就行了，何苦吃力不讨好，花钱花时候去配好音乐呢？"再者，有一位电影作曲家写了几支淫荡歌曲，可怜的民众正在饥不择食的时候，竟家弦户诵风行一时。于是继起者以为合适民众口胃的就是这些东西，结果弄得有歌皆荡，无曲不淫。这种情形是多么危险！其实，一味迎合民众心理是错误的。电影负有指导民众的使命。民众音乐程度幼稚，无鉴辨。所以我们的制作须格外审慎；民众已沉醉在靡靡之音中，所以我们当更加努力来提倡纯正音乐。不然愈弄愈糟，不知将伊于胡底。[①]

其次，因为音乐人才少，所以即使要配上些良好音乐也感到极度困难，有时竟力不从心。有些较有地位的音乐家因鉴于一般电影音乐太糟了，不肯为电影作曲或演奏，有时他们竟也插足不进去。结果呢？电影音乐由几个人包办。这些人物中我当不敢说完全没有天才，或未受相当训练的。但好的究属极少数。多数电影音乐家的智识与技能都浅薄万分（据说，有一位有名电影作曲家自己承认，直到如今仍不懂长调、短调[②]的区别在哪儿！）。他们只能写个杂乱无章的旋律，很简单的和声也不会写。这个得另找个外国乐工来胡诌上去。这样混血的产物，要求其有意味，自属不可能。至于演奏方面，一般演员都未受过任何声乐训练，有的凭着本能干喊几下，有的装腔作势扭出

----

① 指不知要弄到什么地步，语出《诗经·小雅·小旻》"我视谋犹，伊于胡底"。
② 即大调、小调。

那肉麻不堪的音来。其实明星本不是人人能唱，亦不必求人人能唱。不过如要唱，一定得唱得像个样儿。

讲到配音方面，其颟顸情形亦如上述。大部分配音的人的音乐知识与了解力不甚高明。因此所选曲的意趣、节奏等，与画面往往不吻合，有时竟风马牛不相及。他们每就手头有的几张唱片中随便割裂出一二小段来凑数。结果当然是凌乱散漫之极。

我深信影业将来的发达有赖于音乐者甚多，而音乐决不是可让未经充分训练的人们来敷衍了事的。恶劣的音乐非但会减低影片的价值，而且贻害社会至大。所以我盼望监制、导演并审查电影的先生们多多注意电影中的音乐；而音乐同志也认清有声电影为目下提倡音乐的良好工具，尽量与影业方面合作。

黄自歌曲作品

Jolly Good Ale and Old

甘美的老酒

威廉·斯蒂文森（William Stevenson）　词

钱仁康　译

（一）

I cannot eat but little meat,
My stomach is not good,
But sure I think that I can drink,
With him that wears a hood.

Though I go bare，take ye no care,
I nothing am a cold.
I stuff my skin so full within
Of jolly good ale and old.

Back and side go bare，go bare,
Both foot and hand go cold,
But，belly，God send thee good ale enough，
Whether it be new or old.

（二）

I love no roast but a nut-brown toast，
And a crab laid in the fire,

A little bread shall do me stead,
Much bread I not desire.

No frost nor snow，no wind，I trow，
Can hurt me if I wold.
I am so wrapp'dand thoroughly lapp'd
Of jolly good ale and old.

Back and side go bare，go bare,
Both foot and hand go cold,
But，belly，God send thee good ale enough，
Whether it be new or old.

（一）

我一口饭也吃不下，

我的胃口很不好，

但我能陪他喝老酒，

他用头巾把头包。

我光着身，但不怕冷，

你不用把心操。

甘美的老酒满满斟，

我喝了一个饱。

手和足都冷冰冰，
我光着身子跑，
但肚里装满了杯中物，
新酒老酒全都好。

（二）

我不吃烤肉吃土司，
要个螃蟹烤一烤，
吃一块面包已足够，
再多了我不要。

风霜雨雪都不可能
伤害我一根毛。
我藏在甘美的老酒里，
它把我保护得好。

手和足都冷冰冰，
我光着身子跑，
但肚里装满了杯中物，
新酒老酒全都好。

低男中音：沈洋
钢琴伴奏：邵鲁

Song

（In folksong style）

歌　曲
（民歌体）

锡德尼（Sir Phillip Sydney）　词

钱仁康　译

Who hath his fancy pleased
With fruits of happy sight,
Let here his eyes be raised
On nature's sweetest light;
A light which has discerned
And yet unit the eyes;
A light which, dying never,
Is cause the looker dies.

当你面对着美景，

不禁心花怒放，

请举目观望大自然最柔和的光；

这光使眼睛张开，

又使它们闭上；

这光将永不消逝，
却使见者死亡。

低男中音：沈洋
钢琴伴奏：邵鲁

Canon Perpetuo a 3 Voci for a Xmas Card
为贺年片写的三部无终卡农

佚名　词

钱仁康　译

Wishing you a merry merry Christmas,
And a happy New Year.

祝你圣诞愉快，

祝你新年快乐。

女高音：龚爽
女中音：黄萱
低男中音：沈洋

思　乡

韦瀚章　词

柳丝系绿，清明才过了，

独自个凭栏无语。

更那堪墙外鹃啼，

一声声道："不如归去！"

惹起了万种闲情，满怀别绪。

问落花："随渺渺微波是否向南流？"

我愿与他同去！

低男中音：沈洋
钢琴伴奏：邵鲁

春思曲

韦瀚章　词

潇潇夜雨滴阶前，
寒衾孤枕未成眠。
今朝揽镜，应是梨涡浅，
绿云慵掠，懒贴花钿。
小楼独倚，怕睹陌头杨柳，
分色上帘边；更妒煞无知双燕，
吱吱语过画栏前。忆个郎远别已经年，
恨只恨，不化成杜宇，唤他快整归鞭。

女高音：龚爽
钢琴伴奏：何嘉炜

玫瑰三愿

龙七　词

玫瑰花，玫瑰花，
烂开在碧栏杆下。
玫瑰花，玫瑰花，
烂开在碧栏杆下。
我愿那妒我的无情风雨莫吹打，
我愿那爱我的多情游客莫攀摘，
我愿那红颜常好不凋谢，
好教我留住芳华。

女高音：龚爽
小提琴：刘沁妤
钢琴伴奏：何嘉炜

花非花

白居易　词

花非花，雾非雾，
夜半来，天明去。
来如春梦不多时，
去似朝云无觅处。

低男中音：沈洋
钢琴伴奏：邵鲁

雨后西湖

韦瀚章　词

西湖好！
最好是新晴。
垂柳乍分波面绿，
行云才过远山青，
时节近清明。

低男中音：沈洋
钢琴伴奏：邵鲁

下江陵

李白　词

朝辞白帝彩云间，
千里江陵一日还。
两岸猿声啼不住，
轻舟已过万重山。

女中音：黄萱
钢琴伴奏：邵鲁

点绛唇·赋登楼

王灼　词

休惜余春！试来把酒留春住。
问春无语，帘卷西山雨。

一掬愁心，强欲登高赋。
山无数，烟波无数，不放春归去。

低男中音：沈洋
钢琴伴奏：邵鲁

燕　语

韦瀚章　词

君莫问：别来何处？君莫笑，画梁依附。
君更莫虑旧时巢，受尽风风雨雨。

我但愿共春同住；我但愿主人无故。
我便从头筑起新巢，哪怕辛辛苦苦。

女中音：黄萱
钢琴伴奏：邵鲁

卜算子·黄州定慧院寓居作

苏轼　词

缺月挂疏桐，漏断人初静。
谁见幽人独往来，缥缈孤鸿影。

惊起却回头，有恨无人省。
拣尽寒枝不肯栖，寂寞沙洲冷。

低男中音：沈洋
钢琴伴奏：邵鲁

南乡子·登京口北固亭有怀

辛弃疾　词

何处望神州？满眼风光北固楼。
千古兴亡多少事？悠悠。
不尽长江滚滚流。

年少万兜鍪，坐断东南战未休。
天下英雄谁敌手？曹刘。
生子当如孙仲谋。

低男中音：沈洋
钢琴伴奏：邵鲁

天伦歌

钟石根　词

人皆有父，翳我独无?
人皆有母，翳我独无?
白云悠悠，江水东流。
小鸟归去已无巢，
儿欲归去已无舟。
何处觅源头?
何处觅源头?

莫道儿是被弃的羔羊!
莫道儿已哭断了肝肠!
人世间惨痛，
岂仅是失了爹娘?
奋起吧孤儿，
惊醒吧! 迷途的羔羊。

收拾起痛苦的呻吟；

献出你赤子的心情。

"老吾老以及人之老；

幼吾幼以及人之幼。"

收拾起痛苦的呻吟；

献出你赤子的心情。

服务牺牲，服务牺牲，

舍己为人无薄厚。

浩浩江水，霭霭白云，

庄严宇宙亘古存。

大同博爱，共享天伦。

低男中音：沈洋

钢琴伴奏：邵鲁

谁养我

黄炎培　词

钱仁康　配伴奏

谁养我的生命？

漫说是自家本领。

究竟靠着谁呢？

起来！起来！起来！

把我有限的精神，

有限的时光，

一切交给工农大众。

大众！大众！

献我一颗赤裸裸的心，

同情你几千年被剥削的苦痛。

我的生命靠你养啊！

我的气力供你用。

到甚时候呢，才得见

"无业者有业，有业者乐业"，

恭喜你劳动的大众！

低男中音：沈洋
钢琴伴奏：邵鲁

卡农歌

(二部轮唱)

黄自　词

来唱个卡农歌，

我唱你来和。

虽则我先你后，

各唱各的，

调子实在只一个。

再翻个花样唱，

这次我先起头（这次你先起头），

你来跟（我来跟），

我一句（你一句），

你一句（我一句），

像方才一样有精神。

女高音：龚爽
女中音：黄萱
钢琴伴奏：邵鲁

淮南民谣

（二重赋格曲）

古谣

一尺布尚可缝，
一斗粟尚可舂，
兄弟两人不相容。

女中音：黄萱
低男中音：沈洋

中华职业学校校歌

江问渔　黄任之　词

钱仁康　配伴奏

努力！努力！

自己的努力，

过自己的生活。

努力！努力！

我的努力帮助别人的生活。

努力！努力！

一致的努力！

养成共同的生活。

用我手，用我脑，

不单是用我笔。

要做，不单是要说，

是我中华职业学校的金科玉律。

低男中音：沈洋
钢琴伴奏：邵鲁

Cradle Song

摇篮曲
(二重唱)

勃拉姆斯　原作

黄自　编曲

钱仁康　译配

（一）

Lullaby and good night,
With roses bedight,
Creep into thy bed,
There pillow thy head.
If God will thou shalt wake,
When the morning doth break.
If God will thou shalt wake,
When the morning doth break.

（二）

Lullaby and good night,
Those blue eyes close tight,
Bright angels are near,
So sleep without fear.
They will guard thee from harm,

With fair dreamland's sweet charm.
They will guard thee from harm,
With fair dreamland's sweet charm.

（一）

晚上好，夜里好，

盖上玫瑰被，

盖上丁香被，

好好睡一觉。

到明天，大清早，

又是会说会跳。

到明天，大清早，

又是会说会跳。

（二）

晚上好，夜里好，

天使保护你，

圣婴树就要在梦里出现。

睡得香，睡得甜，

你会梦见乐园。

睡得香，睡得甜，

你会梦见乐园。

女高音：龚爽
女中音：黄萱
钢琴伴奏：邵鲁

孤　燕

意大利民歌

许地山　译词

黄自　和声

（一）

如客孤燕，两翼翩翩。
上下翻飞，歇我檐前，
每个早晨，兀自呢喃，
音调悲凄，使我不欢。
尔有心事，毋须隐瞒；
如客孤燕，来我身边。
尔有心事，毋须隐瞒；
如客孤燕，来我身边。

（二）

如此孤单，独往独还，
是在何处，失去侣伴？
听尔悲鸣，为尔忧烦；

尔歌未已，我泪潸潸！
尔见我哭，谅更心酸；
为问孤燕，然乎不然？
尔见我哭，谅更心酸；
为问孤燕，然乎不然？

（三）

炎夏已过，秋高气清，
可怜孤燕，又须远行！
深海之涯，彼层峦顶，
任尔飞翔，任尔留停。
我常志愿，随尔升腾；
到处游览，适性陶情。
我常志愿，随尔升腾；
到处游览，适性陶情。

低男中音：沈洋
钢琴伴奏：邵鲁

黄鹤楼

沈心工　选曲作词

黄自　和声

（一）

独自登临黄鹤楼，坐看江水载行舟。
千帆容易随流去，一棹艰难赴上游。

（二）

独自登临黄鹤楼，几经革命血横流。
可怜化作花千树，遍插朱门仕女头。

（三）

独自登临黄鹤楼，楼倾鹤去几经秋。
新楼结构全非昔，黄鹤归来认得不？

低男中音：沈洋
钢琴伴奏：邵鲁

采莲曲

沈心工　词曲
黄自　和声

（一）

残月晓风天，消夏清游去采莲。
一船摇近黄天荡，两岸平平多荡田。
水面白漫漫，半是花光半是烟。

（二）

摇近荡田中，花正初开香正浓。
烟消日出花娇艳，一片朝霞淡淡红。
深处小船通，近手花多左右逢。

（三）

欲采费商量，供养鲜花责久长。
十分开足无须采，半放含苞采不妨。
花好似新娘，要叶相随助晓妆。

（四）

咿呀橹声低，穿过田田进小溪。

花枝摘下尤怜惜，宜趁凉风早早归。

再订采莲期，莫待交秋花放齐。

女中音：黄萱
钢琴伴奏：邵鲁

Vocal Fugue for S.A.T.B.

四部声乐赋格

佚名　词

钱仁康　译

For He shall give His angels charge over thee,
That they shall protect thee.

他会嘱咐他的天使看顾着你，
叫他们保护你。

上海回声合唱团
指挥：洪川

抗敌歌

黄自　韦瀚章　词

中华锦绣江山谁是主人翁？

我们四万万同胞。

强虏入寇逞凶暴，

快一致永久抵抗将仇报。

家可破，国须保；

身可杀，志不挠。

一心一力团结牢，

努力杀敌誓不饶，

努力杀敌誓不饶！

中华锦绣江山谁是主人翁？

我们四万万同胞。

文化疆土被焚焦，

须奋起，大众合力将国保！

血正沸，气正豪；

仇不报，恨不消。

群策群力团结牢，

拼将头颅为国抛，

拼将头颅为国抛！

上海回声合唱团
钢琴伴奏：潘岱砚
指挥：洪川

民　谣

朱英　词

钱仁康　配伴奏

（一）

东三省，我国土，

日本人，强占去，

二十年，九一八，

牢记在心头，一定要报仇。

（二）

做国民，志须坚，

御外侮，齐争先，

要爱国，莫爱钱，

人人能如此，国强在眼前。

（三）

能自强，可不亡，

能耐苦，可御侮，

志有恒，事竟成，

印度人甘地，终能制强英。

（四）

日本人，不可睬，

日本货，不可买，

他欺我，不要怕，

齐心来团结，总要打倒他。

上海回声合唱团
钢琴伴奏：潘岱砚
指挥：洪川

切记分明

朱英　词
钱仁康　配伴奏

亡国民，生如死；
强国民，死犹生。
不打倒日本，我们难自存。
切记！切记！切记分明！

上海回声合唱团
钢琴伴奏：潘岱砚
指挥：洪川

赠前敌将士

何香凝　词

敌人侵略，野心未死，
既据我东北三省，
复占我申江土地。
叹我大好河山，
今非昔比！

焚毁我多少城市，
惨杀我多少同胞，
强奸我多少妇女。
耻！耻！
你等是血性军人，
怎样下得这点气？

上海回声合唱团
钢琴伴奏：潘岱砚
指挥：洪川

旗正飘飘

韦瀚章　词

旗正飘飘，马正萧萧，
枪在肩，刀在腰，
热血热血似狂潮。
旗正飘飘，马正萧萧，
好男儿，好男儿，
好男儿报国在今朝。

快奋起，莫作老病夫，
快团结，莫贻散沙嘲；
快奋起，莫作老病夫，
快团结，莫贻散沙嘲。
快团结，快团结（快奋起），
快团结（奋起），快团结（奋起），
团结，奋起，团结，
奋起，团结，奋起，团结。

旗正飘飘，马正萧萧，
枪在肩，刀在腰，
热血热血似狂潮。
旗正飘飘，马正萧萧，
好男儿，好男儿，
好男儿报国在今朝。

国亡家破，祸在眉梢，
要生存，须把头颅抛。
戴天仇怎不报？
不杀敌人，恨不消。

快团结，快团结（快奋起），
快团结（奋起），快团结（奋起），
团结，奋起，团结，
奋起，团结，奋起，团结。

旗正飘飘，马正萧萧，
枪在肩，刀在腰，
热血热血似狂潮。
旗正飘飘，马正萧萧，
好男儿，好男儿，
好男儿报国在今朝。

上海回声合唱团
钢琴伴奏：潘岱砚
指挥：洪川

九一八

韦瀚章　词

九一八，血痕尚未干；
东三省，山河尚未还！
海可枯，石可烂，
国耻一日未雪，
国民责任未完。

上海回声合唱团
钢琴伴奏：潘岱砚
指挥：洪川

军　歌

（男声四部合唱）

佚名　词

战鼓冬冬，
战鼓冬冬，
鼓起我们的忠勇，
准备着向前冲锋。
快起来卫我疆土，
歼彼顽凶，
义愤填胸，
壮气如虹。

民族兴亡匹夫责，
偷生怕死岂英雄？
民族兴亡匹夫责，
偷生怕死岂英雄，
偷生怕死岂英雄？

耿耿精忠，

耿耿精忠，

要视死如归，

杀尽胡奴种。

报仇雪耻，

直捣黄龙，

还我河山收全功。

上海回声合唱团
钢琴伴奏：潘岱砚
指挥：洪川

学生国货年歌

黄炎培　词

（一）

学生乎，学生乎，
尔忘九一八之炮声乎！
吸吾之精，割吾之肉，
兴乎，亡乎，在吾人之自觉！
真自觉乎，不用戈矛而已足。

吾衣谁制乎，我勤我织；
吾田谁耕乎，我力我稽；
吾物谁运乎，我行我舶。
学生，学生，
一人传十，十人传百，
行此策，得！得！得！

（二）

学生乎，学生乎，

尔忘巨万万之入超乎！

进货何多，出货何少，

兴乎，亡乎，在吾人之自觉！

真自觉乎，不用戈矛而有效。

吾服何物乎，非国货弗好；

吾食何物乎，非国产弗饱；

吾用何物乎，非国产弗宝。

学生，学生，

自给自足，自用自造，

行此策，妙！妙！妙！

上海回声合唱团
钢琴伴奏：潘岱砚
指挥：洪川

睡　狮

韦瀚章　词

（一）

睡狮睡了几千年，
蛇虫狐鼠乱纠缠；
今天吸我血，
明天扼我咽。
大家欺我老且懦，
得寸进尺来相煎。
睡狮醒！
睡狮醒！
睡狮醒！
莫要偷安眠。

（二）

皮毛血肉将不全，
何须摇尾乞人怜？

奋斗心须壮，

复仇志要坚。

睡狮醒来威震天，

蛇虫狐鼠莫敢前。

睡狮醒！

睡狮醒！

睡狮醒！

醒了再不眠。

上海回声合唱团
钢琴伴奏：潘岱砚
指挥：洪川

黄花岗先烈纪念日

刘雪庵　词

黄花黄，黄花香，英魂丛绕黄花岗。
黄花岗上西风起，黄花年年吐奇芳。

上海回声合唱团
钢琴伴奏：潘岱砚
指挥：洪川

北 望

佚名　词

钱仁康　配伴奏

北望盛京无限路，

千万同胞被谁误？

几时全民始一心，

把伊救出水深火热处？！

快起来！快起来！

要大家团结胜似金汤固。

全国人民共此心，

把伊救出水深火热处。

上海回声合唱团
钢琴伴奏：潘岱砚
指挥：洪川

热血歌

吴宗海　词

（一）

热血滔滔，

热血滔滔，

像江里的浪，

像海里的涛，

常在我心头翻搅。

只因为耻辱未雪，

愤恨难消，

四万万同胞啊，

洒着你的热血去除强暴。

（二）

热血溶溶，

热血溶溶，

像火焰般烈，

像旭日般红，

常在我心头汹涌。

快起来为己除害，

为国尽忠，

四万万同胞啊，

拼着你的热血去争光荣。

上海回声合唱团
钢琴伴奏：潘岱砚
指挥：洪川

四时渔家乐

韦瀚章　词

（一）

春

渔家乐，桃花渚；

如雾如烟春雨。

箬笠蓑衣不觉寒，

随着东风飘去。

（二）

夏

渔家乐，莲花渚；

碎玉零珠急雨。

青篙茧缕一轻舟，

冲向白云深处。

（三）

秋

渔家乐，芙蓉渚；

野鹜轻鸥为侣。

芦汀苇岸尽勾留，

明月清风无主。

（四）

冬

渔家乐，雪盈渚；

两岸数声村鼓。

人言时节近残年，

管他几番寒暑。

上海回声合唱团
钢琴伴奏：潘岱砚
指挥：洪川

采莲谣

韦瀚章　词

夕阳斜，晚风飘，
大家来唱采莲谣；
白花艳，红花娇，
扑面清香暑气消。
你划桨，我撑篙，
欸乃一声过小桥；
船行快，歌声高，
采得莲花乐淘淘。

上海回声合唱团
钢琴伴奏：潘岱砚
指挥：洪川

送毕业同学

(三部合唱)

刘雪庵　词

情同海样深，

离思苦难禁。

临歧休效儿女，

涕泪但沾巾。

此后天南地北，

服务升学，

各自奋鹏程。

齐努力，共争荣，

深期热望，

莫负当初一片心。

上海回声合唱团
钢琴伴奏：潘岱砚
指挥：洪川

秋色近
(三部合唱)

韦瀚章　词

秋色近，起西风！
草萎，花残，叶落，
林疏，水浅，山空。
度过严霜，
挨过寒冬，
待到阳春天气，
依旧万紫千红。

上海回声合唱团
钢琴伴奏：潘岱砚
指挥：洪川

摇篮曲

(三部合唱)

刘雪庵　词

团团一轮明月，
高涌在天空。
墙边影斜，
林梢声静，
花鸟都入梦。

我也屏息万虑，
安卧斗室中。
倦怠恢复，
精神饱满，
明日再用功。

上海回声合唱团
钢琴伴奏：潘岱砚
指挥：洪川

春　游

(二部合唱)

佚名　词

(一)

喜哈哈，笑哈哈，
春游野兴佳。
Fa la lalala。
奏短笛，吹喇叭，
高歌相应答。
Fa la lalala。

(二)

簪碧桃，戴红花，
欢乐兴未赊。
Fa la lalala。
晚风起，夕阳斜，
结队又还家。
Fa la lalala。

上海回声合唱团
钢琴伴奏：潘岱砚
指挥：洪川

斯盛学校校歌

黄任之　词

伟大！伟大！
斯盛先生精神。
努力！努力！
斯盛学校诸生。
学力，体力，
行为一致，
人人勉为青年典型。
晶莹，
举头看东方破晓的明星。
砑訇，
侧耳听吴淞海口的潮声。
勉哉，诸生，
是斯盛先生精神，
是中华民族光荣。

上海回声合唱团
指挥：洪川

中华职业教育社之歌

(混声四部合唱)

黄任之　词

钱仁康　和声

惟先劳而后食兮，

嗟吾人群之天职。

欲完此天职兮，

尚百业之汝择。

愧先觉觉后之未能兮，

舍吾徒之责而谁责？

同心组成吾社兮，

将以求吾道之昌也。

研究试验以实施兮，

期一一见诸行也。

苟获救吾民之憔悴兮，

卜吾国族之终强也。

手旗兮飞扬，

吾何往兮？

比乐之堂。

将使吾业者咸有业兮，

使有业者乐且无疆。

嗟！嗟！

吾愿何日偿兮？

天假我以岁月之悠长。

上海回声合唱团
指挥：洪川

目莲救母

（男声四部合唱）

旧曲

黄自　改编

昔日有个目莲僧，
救母亲临地狱门。
"借问灵山有多少路？"
"阿弥陀佛，
有十万八千有余零。"
"有十万八千有余零！
阿弥陀佛，阿弥陀佛。"

上海回声合唱团
钢琴伴奏：潘岱砚
指挥：洪川

秋　声

（二部合唱）

赖顿　原曲

黄自　和声

金风瑟瑟井梧残，满地清凉天未寒。

万里长空过征雁，几行衰柳绝鸣蝉。

秋声淅沥在何处？似在疏林野草间。

正欲相寻寻未得，忽闻骤响满前山。

月下何来风雨急？更深谁弄管弦繁。

衔枚想见君行疾，何日长驱夜出关？

上海回声合唱团
钢琴伴奏：潘岱砚
指挥：洪川

破车瘦老的马

（三部合唱）

黑人歌曲

陈北鸥　译词

黄自　和声

破车，瘦老的马，

来啊！带我回到家乡。

破车，瘦老的马，

来啊！带我回到家乡。

西看，看不见那古老的城墙，

来啊！带我回到家乡，

我想要知道那边的情况。

来啊！带我回到家乡。

破车，瘦老的马，

来啊！带我回到家乡。

破车，瘦老的马，

来啊！带我回到家乡。

你也是生长在那故旧家乡，

来啊！带我回到家乡，

把我的朋友都找来，

来啊！一齐回到家乡。

破车，瘦老的马，

来啊！带我回到家乡。

破车，瘦老的马，

来啊！带我回到家乡。

上海回声合唱团
钢琴伴奏：潘岱砚
指挥：洪川

春　郊

(二部合唱)

沈心工　词

黄自　和声

云淡风轻，微雨初晴，假期恰遇良辰。

既栉我发，复整我襟，出游以写幽情。

绿荫为盖，芳草为茵，此间空气鲜新。

歌声履声，一程半程，与子偕行，偕行。

上海回声合唱团
钢琴伴奏：潘岱砚
指挥：洪川

中国男儿

杨度　词

黄自　和声

中国男儿，中国男儿，
要将只手撑天空。
睡狮千年，睡狮千年，
一夫振臂万夫雄。

长江大河，亚洲之东，
峨峨昆仑，翼翼长城，
天府之国，取多用宏，
黄帝之胄神明种。
虎突狼攻，日暮途穷，
眼前生路觅无从。

中国男儿，中国男儿，
何如奋勇向前冲！

我有宝刀，慷慨从戎，
击楫中流，泱泱大同，
决胜疆场，气贯长虹，
古今多少奇丈夫。
黄尘碎首，燕然勒功，
至今热血犹殷红。

上海回声合唱团
钢琴伴奏：潘岱砚
指挥：洪川

A Chinese Popular Tune
中国俗曲

黎锦晖　原曲
黄自　和声

高高的云儿罩着，
淡淡的光儿耀着，
短短的篱儿抱着，
弯弯的道儿绕着，
多好啊，这里真真好！
静悄悄地谁料是春天到了。

上海回声合唱团
指挥：洪川

新中国的主人

刘雪庵　词

我有健康的身体，
我有高洁的灵魂，
我有坚定的意志，
我有奋斗的精神。

服务大众，
耻盗虚名，
打倒领袖欲，
破除权利心。
德行兼备，
才是新中国的主人。

上海市黄浦区
青少年活动中心
春天少年合唱团
钢琴伴奏：聂敬南
指挥：徐亮亮、沈婉君

游 戏

刘雪庵　词

好哥哥，好弟弟，
同来游戏。
手儿携紧步儿齐，
踏歌向前去。
踏歌向前去，
彼此联络成一气。
休分出我你，
合作要彻底；
大家须切记。

上海市黄浦区
青少年活动中心
春天少年合唱团
钢琴伴奏：聂敬南
指挥：徐亮亮、沈婉君

农　歌

韦瀚章　词

春天三月雨绵绵，
泥土不燥也不粘。
东风吹人不觉寒，
辛苦农夫好耕田。
柴门外，麦田边，
工作个个要争先。
如今勤力收成好，
大家得过太平年。

上海市黄浦区
青少年活动中心
春天少年合唱团
钢琴伴奏：聂敬南
指挥：徐亮亮、沈婉君

秋郊乐
（二部合唱）

韦瀚章　词

秋郊乐，乐如何？

日映枫林红似火，

风摇衰柳舞婆娑。

大家走到溪边坐，

同唱野游歌。

渔夫牧童都来和，

拍掌笑呵呵。

上海市黄浦区
青少年活动中心
春天少年合唱团
钢琴伴奏：聂敬南
指挥：徐亮亮、沈婉君

本　事

（二部合唱）

卢冀野　词

记得当时年纪小，
我爱谈天，你爱笑。
有一回并肩坐在桃树下，
风在林梢，鸟在叫。
我们不知怎样困觉了，
梦里花儿落多少。

上海市黄浦区
青少年活动中心
春天少年合唱团
钢琴伴奏：聂敬南
指挥：徐亮亮、沈婉君

踏雪寻梅

刘雪庵　词

雪霁天晴朗，
腊梅处处香。
骑驴灞桥过，
铃儿响丁当。
响丁当，响丁当，
响丁当，响丁当。
好花采得瓶供养，
伴我书声琴韵，
共度好时光。

上海市黄浦区
青少年活动中心
春天少年合唱团
钢琴伴奏：聂敬南
指挥：徐亮亮、沈婉君

欢迎运动员凯旋

刘雪庵　词

号鼓喧天远近闻，
夺标归来著奇勋。
旌旗招展，
选手齐临，
欢声雷震，
听大家握手道："欢迎！"

壮健，灵敏，
个个体魄都坚劲，
难怪他奋勇扫千军。
努力！更进！
纪录来年要创新，
待洗去东亚病夫名。

上海市黄浦区
青少年活动中心
春天少年合唱团
钢琴伴奏：聂敬南
指挥：徐亮亮、沈婉君

蝴　蝶

刘雪庵　词

蝴蝶家，那儿住?
翩翩来往红深处。
莫采草上花，
且饮枝头露!
谨防俏姐儿，
将你钉作标本去!

上海市黄浦区
青少年活动中心
春天少年合唱团
钢琴伴奏：聂敬南
指挥：徐亮亮、沈婉君

挖泥沙

黄自　词

挖泥沙，挖泥沙，
挖好泥沙种西瓜。
西瓜圆，西瓜长，
大家种瓜大家尝。

上海市黄浦区
青少年活动中心
春天少年合唱团
钢琴伴奏：聂敬南
指挥：徐亮亮、沈婉君

不容易

黄自　词

（一）

有饭吃，不容易，

种谷子，先耕地；

插新秧，在田里。

灌水去草忙不停，

收谷牵砻才有米。

米，米，米，米，

要想吃它不容易。

（二）

有衣穿，不容易，

勤采桑，防蚕饥；

勤采棉，常早起。

蚕丝织绸棉织布，

有绸有布才有衣。

衣，衣，衣，衣，

要想穿它不容易。

上海市黄浦区
青少年活动中心
春天少年合唱团
钢琴伴奏：聂敬南
指挥：徐亮亮、沈婉君

春　风

黄自　词

（一）

春风轻轻吹，
吹到草根里，
草被春风吹醒了，
草儿青青快长起。

（二）

春风轻轻吹，
吹到花枝里，
花被春风吹醒了，
花儿摇摇都开齐。

（三）

春风轻轻吹，
吹到虫窝里，

虫被春风吹醒了，
虫儿跃跃来游戏。

（四）

春风轻轻吹，
吹到鸟窝里，
鸟被春风吹醒了，
鸟儿啾啾到处啼。

上海市黄浦区
青少年活动中心
春天少年合唱团
钢琴伴奏：聂敬南
指挥：徐亮亮、沈婉君

三样早

黄自　词

晨起早，读书好；

午饭早，做事好；

夜睡早，身体好。

天天三样早，一直乐到老。

上海市黄浦区
青少年活动中心
春天少年合唱团
钢琴伴奏：聂敬南
指挥：徐亮亮、沈婉君

养　蚕

黄自　词

（一）

晨鸡啼时采桑还，

采得桑叶撸未干。

细心揩抹细心剪，

只望喂得好春蚕。

（二）

日不眨眼夜不眠，

一心只在蚕儿边。

防它受冷添炉火，

防它受饿把叶添。

（三）

头眠二眠又三眠，

结来茧子雪样鲜。

又怕今年蚕价贱，

卖茧不抵买桑钱。

上海市黄浦区
青少年活动中心
春天少年合唱团
钢琴伴奏：聂敬南
指挥：徐亮亮、沈婉君

牛

黄自　词

（一）

春天到，
牛儿出门早；
田中来又去，
耕松泥土好种稻。

（二）

夏天到，
田里多干燥；
牛儿忙戽水，
拉着水车不停跑。

（三）

秋天到，

农夫割下稻；

翻土种豆麦，

牛儿依旧忙不了。

（四）

冬天到，

牛儿休息了；

一年辛苦多，

人们吃饭它吃草。

上海市黄浦区
青少年活动中心
春天少年合唱团
钢琴伴奏：聂敬南
指挥：徐亮亮、沈婉君

你可知道

黄自　词

（一）

你可知道，

你可知道，

男孩子喜欢做什么？

骑木马，吹喇叭。

大家打圆圈。

（二）

你可知道，

你可知道，

小姑娘喜欢做什么？

摇娃娃，剪纸花，

大家打圆圈。

（三）

你可知道，

你可知道，

你妈妈喜欢做什么？

纺棉纱，种甜瓜，

大家打圆圈。

（四）

你可知道，

你可知道，

你爸爸喜欢做什么？

戴眼镜，划小艇，

大家打圆圈。

（五）

你可知道，

你可知道，

你哥哥喜欢做什么？

打足球，找朋友，

大家打圆圈。

（六）你可知道，

你可知道，

你可知道，

你姊姊喜欢做什么？

弹风琴，做点心，

大家吃个饱。

上海市黄浦区
青少年活动中心
春天少年合唱团
钢琴伴奏：聂敬南
指挥：徐亮亮、沈婉君

吃巧果

黄自　词

团团坐，吃巧果，
巧果好像猫耳朵。
不嫌少，不嫌多，
吃完巧果来唱歌。

上海市黄浦区
青少年活动中心
春天少年合唱团
钢琴伴奏：聂敬南
指挥：徐亮亮、沈婉君

一张白纸

(四部轮唱)

黄自　词

戴鹏海　编配

一张白纸飞过街，

那个读书那个乖。

人人读书想做官，

丢下秧苗那个栽。

互　助

黄自　词

（一）

叮当叮，

叮当叮，

打把铁耙把田耕，

任你农人怎样巧，

没有铁耙耕不成。

（二）

我耕田，我收谷，

新米煮饭又煮粥，

任你铁匠多聪明，

没有粥饭难果腹。

（三）

你打铁耙他种稻，

各自做工各相靠，

世上不论什么事，

都系互助收功效。

上海市黄浦区
青少年活动中心
春天少年合唱团
钢琴伴奏：聂敬南
指挥：徐亮亮、沈婉君

雪 人

廖辅叔　词

（一）

卷起衫袖不怕冷，
堆成雪人面团团。
胭脂嘴唇墨眼睛，
眉毛不长也不短。

（二）

雪人有嘴不会唱，
雪人有眼不会看。
老是静坐不起来，
太阳一照怎么办？

上海市黄浦区
青少年活动中心
春天少年合唱团
钢琴伴奏：聂敬南
指挥：徐亮亮、沈婉君

毕业别

廖辅叔　词

六年的功课浅到深，
六年的身体弱变强，
第一步走完便分手，
可是前面的路还要长。
师友的指导与提携，
这情谊似太阳的光辉，
在秋天还可以想到春，
回忆会给人一片温存。

上海市黄浦区
青少年活动中心
春天少年合唱团
钢琴伴奏：聂敬南
指挥：徐亮亮、沈婉君

西风的话

廖辅叔　词

去年我回去，
你们刚穿新棉袍，
今年我来看你们，
你们变胖又变高。
你们可记得，
池里荷花变莲蓬？
花少不愁没颜色，
我把树叶都染红。

上海市黄浦区
青少年活动中心
春天少年合唱团
钢琴伴奏：聂敬南
指挥：徐亮亮、沈婉君

新　年

叶绍钧　词

（一）

梅花含笑，对着水仙；

不同的香气，一样的清鲜。

我们闻到了，就知道，

现在是快乐的新年。

（二）

锣鼓这边，爆竹那边；

彼此相呼应，声响几震天。

我们听到了，就知道，

现在是快乐的新年。

（三）

街市热闹，行人擦肩；

柏枝和纸彩，点缀戏院前。

我们看到了，就知道，

现在是快乐的新年。

上海市黄浦区
青少年活动中心
春天少年合唱团
钢琴伴奏：聂敬南
指挥：徐亮亮、沈婉君

晨　歌

佚名　词

（一）

太阳升上东方，
萤火虫立刻躲藏。
太阳升上东方，
萤火虫立刻躲藏。
起来吧，朋友，
起来吧，朋友，
现在是工作的时光！

（二）

公鸡顿嗓长鸣，
纺织娘急忙住口。
公鸡顿嗓长鸣，
纺织娘急忙住口。
起来吧，朋友，

起来吧，朋友，
现在是工作的时候！

（三）

鸟雀飞出树林，
大清早一片欢欣。
鸟雀飞出树林，
大清早一片欢欣。
起来吧，朋友，
起来吧，朋友，
现在是工作的时辰！

上海市黄浦区
青少年活动中心
春天少年合唱团
钢琴伴奏：聂敬南
指挥：徐亮亮、沈婉君

好学生

佚名　词

好学生，好学生，
身体强，精神健，
容貌整洁衣服净，
书包鞋帽无灰尘。
昂起头，挺起胸，
英雄模样，领袖精神，
这样才是好学生。

上海市黄浦区
青少年活动中心
春天少年合唱团
钢琴伴奏：聂敬南
指挥：徐亮亮、沈婉君

问问猫

姚是　词

（一）

问问猫，为什么叫，
一只老鼠刚捉到。

（二）

问问狗，为什么跳，
鲜肉骨头滋味好。

（三）

问问羊，为什么笑，
满地都是嫩青草。

（四）

问问鸡，为什么跑，
小虫白米都吃饱。

上海市黄浦区
青少年活动中心
春天少年合唱团
钢琴伴奏：聂敬南
指挥：徐亮亮、沈婉君

跷跷板

严成熙　词

跷跷板，跷几跷，
一头落地一头高，
上上下下趣味好。

上海市黄浦区
青少年活动中心
春天少年合唱团
钢琴伴奏：聂敬南
指挥：徐亮亮、沈婉君

菱　儿

严成熙　词

一只菱，四只角，
里面有肉外面壳；
小弟弟，不会剥，
对了菱角哇哇哭。

上海市黄浦区
青少年活动中心
春天少年合唱团
钢琴伴奏：聂敬南
指挥：徐亮亮、沈婉君

上海市立务本女中附小校歌

吴研因　词

难受，真难受，
声音嘈杂，煤灰到处有。
挺秀，独挺秀，
满园花木，满校小朋友。
历史那么久，辛苦创办，
念吴公怀疚。
环境这么陋，努力改革，
靠后生奋斗。

跟导师们工作研究，
与年长的姐姐们携手，
从学校到家庭社会，
使整个的上海市都秀。

上海市黄浦区
青少年活动中心
春天少年合唱团
钢琴伴奏：聂敬南
指挥：徐亮亮、沈婉君

天津市立师范附小校歌

佚名　词

乐园，乐园，

人生幸福是稚年。

稚年，稚年，

幸福生长在乐园。

园长在面前，

园丁在身边，

幸福种子布满园，

开花结实成良田。

良田，乐园，

愿田园广阔远无边。

上海市黄浦区
青少年活动中心
春天少年合唱团
钢琴伴奏：聂敬南
指挥：徐亮亮、沈婉君

始业式

东峦　词
黄自　和声

（秋季用）

长夏日悠悠，到新秋；
久别乍逢，执手问候：
大家可好？大家都好！
日月去如流。
知识无穷，快来研究，
一堂聚首，藏修息游，
大家努力莫停留，
从今是开头！

（春季用）

寒假已两周，居无偶；
今朝执手，共话离愁：
大家可好？大家都好！
日月去如流。

为学好比逆水行舟。
年前成绩，叨幸皆优，
大家努力莫停留，
从今是开头！

上海市黄浦区
青少年活动中心
春天少年合唱团
钢琴伴奏：聂敬南
指挥：徐亮亮、沈婉君

朝会歌

美国歌曲

黄自　填词　和声

先生早晨早，
先生早晨好！
小朋友早晨早，
大家早晨好！

上海市黄浦区
青少年活动中心
春天少年合唱团
钢琴伴奏：聂敬南
指挥：徐亮亮、沈婉君

长恨歌
Song of Eternal Lament

韦瀚章　词

黄自　林声翕　曲

（一）仙乐飘飘处处闻

骊宫高处入青云。

歌一曲，月府法音，霓裳仙韵，

舞一番，羽衣回雪，红袖翻云。

宛似菡萏迎风，杨枝招展。

飘飘，飘飘，欲去却回身。

更玉管冰弦嘹亮，

问人间，那得几回闻？

（二）七月七日长生殿

风入梧桐叶有声，银汉秋光净，

年年天上留嘉会，羡煞双星，

只恨人间恩爱总难凭，如今专宠多荣幸，
怕红颜老去，却似秋风团扇冷。

仙偶纵长生，那似尘缘胜？
问他一年一度一相逢，争似朝朝暮暮我和卿？

举首对双星，海誓山盟，
在天愿作比翼鸟，在地愿为连理枝。
两家恰似形和影，世世生生。

（三）渔阳鼙鼓动地来

渔阳鼓，起边关，西望长安犯，
六宫粉黛，舞袖正翩翩，
怎料到边臣反，那管他社稷残。

只爱美人醇酒，不爱江山。
兵威惊震哥舒翰，举手破潼关，
遥望满城烽火，指日下长安。

（四）惊破霓裳羽衣曲

醉金樽，敲檀板，夜夜笙歌，玉楼天半，

轻歌曼舞深宫院，海内升平且宴安。

猛不防，变生肘腋，边廷造反！
只可恨！坐误戎机的哥舒翰，称兵犯上的安禄山。
咚咙咙，鼙鼓声喧，破了潼关。
唬得人神昏意乱，胆颤心寒！

没奈何，带领百官，弃了长安。
最可怜，温馨软玉娇慵惯，
只如今，怎样驱驰蜀道难！

（五）六军不发无奈何

仆仆征途苦，遥遥蜀道长，
可恨的杨贵妃，可杀的杨丞相。

怨君王没个主张，宠信着杨丞相，
怨君王没个主张，堕落了温柔乡，
好生生把山河让，把锦绣河山让，
乱纷纷家散人亡。

（六）宛转娥眉马前死

从来好事易摧残，只怨缘悭！
回肠欲断情难断，珠泪虽干血未干，
劝君王，凄凉莫为红颜叹，珍重江山！
两情长久终相见，天上人间。

（七）夜雨闻铃断肠声

山一程，水一程，崎岖蜀道最难行；
高一层，低一层，恰似胸中恨不平！
回首马嵬驿，但见万山横。

日渐暝，暮云生，猿啼雁唳添悲哽！
乱旗旌，风摇影，冷雨凄凄扑面迎。
慌忙登剑阁，雕鞍且暂停。

夜已深，人已静，潇潇雨，淅零零，
洒向幽窗，滴响铜铃，
一行行是伤心泪，一滴滴是断肠声。

风一更，雨一更，孤衾如水梦难成；
哭一声，叹一声，有谁了解此时情？

心似辘轳转，呜咽待天明！

（八）山在虚无缥缈间

香雾迷蒙，祥云掩拥，
蓬莱仙岛清虚洞，琼花玉树露华浓，

却笑他，红尘碧海，几许恩爱苗，多少痴情种？
离，合，悲，欢，枉作相思梦，
参不透，镜花水月，毕竟总成空。

（九）西宫南内多秋草

地转天旋，几番寒暑，历劫归来，依稀院宇。
但见那：花萼楼高，芙蓉苑小，
一般的画栋雕梁，珠帘绣柱；
西宫南内秋草生，黄花满径牵愁绪。

怕见那：梨园子弟，阿监青娥，
斑斑两鬓霜如许，
只不见：曲奏霓裳，羽衣回舞，唉！
问玉人何处呀？玉人何处？

如今啊！夕殿飞萤，孤灯独对，
旧情新恨共谁语？
数更漏，泪如雨！

（十）此恨绵绵无绝期

凄凄秋雨洒梧桐，寂寞骊宫，
荒凉南内玉阶空，惨绿愁红。

悠悠生死别经年，魂魄不曾来入梦，
如今怕听淋铃曲，只一声，愁万种。

思重重，念重重，旧欢新恨如潮涌，
碧落黄泉无消息，料人间天上，再也难逢。

女高音：龚爽
低男中音：沈洋
上海回声合唱团
钢琴伴奏：潘岱砚

黄自器乐作品

器乐独奏作品

Prelude
前奏曲

Two Two-Part Inventions
二部创意曲二首

G 大调二部创意曲
C 大调二部创意曲

钢琴：谢亚双子

器乐重奏作品

Strict Fugue on an Original Subject in 2 Voices
原创主题的二部严格赋格曲

Strict Fugue on an Original Subject in 3 Voices
原创主题的三部严格赋格曲

Strict Fugue in 3 Voices
三部严格赋格曲

小提琴：刘沁妤
中提琴：薛丰
大提琴：焦艺

乐队作品

怀旧
交响序曲

都市风光幻想曲

浙江交响乐团
指挥：张艺

附录

黄自作品列表

1. 成人独唱和重唱作品

序号	曲目	作者
1	Jolly Good Ale and Old 甘美的老酒	威廉·斯蒂文森词 钱仁康译
2	Song (in folksong style) 歌曲（民歌体）	锡德尼词 钱仁康译
3	Canon Perpetuo a 3 Voci for a Xmas Card 为贺年片写的三部无终卡农	佚名词 钱仁康译
4	思乡	韦瀚章词
5	春思曲	韦瀚章词
6	玫瑰三愿	龙七词
7	花非花	白居易词
8	雨后西湖	韦瀚章词
9	下江陵	李白词
10	点绛唇·赋登楼	王灼词
11	燕语	韦瀚章词
12	卜算子·黄州定慧院寓居作	苏轼词
13	南乡子·登京口北固亭有怀	辛弃疾词
14	天伦歌	钟石根词
15	谁养我	黄炎培词 钱仁康配伴奏
16	卡农歌（二部轮唱）	黄自词
17	淮南民谣（二重赋格曲）	古谣
18	中华职业学校校歌	江问渔、黄任之词 钱仁康配伴奏
19	Song Cradle 摇篮曲（二重唱）	勃拉姆斯原作 黄自编曲 钱仁康译配
20	孤燕	意大利民歌 许地山译词 黄自和声

（续表）

序号	曲目	作者
21	黄鹤楼	沈心工选曲作词 黄自和声
22	采莲曲	沈心工词曲 黄自和声

2. 成人合唱作品

序号	曲目	作者
1	Vocal Fugue for S.A.T.B. 声乐四部赋格	佚名词 钱仁康译
2	抗敌歌	黄自、韦瀚章词
3	民谣	朱英词 钱仁康配伴奏
4	切记分明	朱英词 钱仁康配伴奏
5	赠前敌将士	何香凝词
6	旗正飘飘	韦瀚章词
7	九一八	韦瀚章词
8	军歌（男声四部合唱）	佚名词
9	学生国货年歌	黄炎培词
10	睡狮	韦瀚章词
11	黄花岗先烈纪念日	刘雪庵词
12	北望	佚名词 钱仁康配伴奏
13	热血歌	吴宗海词
14	四时渔家乐	韦瀚章词
15	采莲谣	韦瀚章词
16	送毕业同学（三部合唱）	刘雪庵词
17	秋色近（三部合唱）	韦瀚章词
18	摇篮曲（三部合唱）	刘雪庵词

（续表）

序号	曲目	作者
19	春游（二部合唱）	佚名词
20	斯盛学校校歌	黄任之词
21	中华职业教育社之歌（混声四部合唱）	黄任之词 钱仁康和声
22	目莲救母（男声四部合唱）	旧曲 黄自改编
23	秋声（二部合唱）	赖顿原曲 黄自和声
24	破车瘦老的马（三部合唱）	黑人歌曲 陈北鸥译词 黄自和声
25	春郊（二部合唱）	沈心工词 黄自和声
26	中国男儿	杨度词 黄自和声
27	A Chinese Popular Tune 中国俗曲	黎锦晖原曲 黄自和声

3. 儿童合唱作品

序号	曲目	作者
1	新中国的主人	刘雪庵词
2	游戏	刘雪庵词
3	农歌	韦瀚章词
4	秋郊乐（二部合唱）	韦瀚章词
5	本事（二部合唱）	卢冀野词
6	踏雪寻梅	刘雪庵词
7	欢迎运动员凯旋	刘雪庵词
8	蝴蝶	刘雪庵词
9	挖泥沙	黄自词
10	不容易	黄自词

（续表）

序号	曲目	作者
11	春风	黄自词
12	三样早	黄自词
13	养蚕	黄自词
14	牛	黄自词
15	你可知道	黄自词
16	吃巧果	黄自词
17	一张白纸（四部轮唱）	黄自词 戴鹏海编配
18	互助	黄自词
19	雪人	廖辅叔词
20	毕业别	廖辅叔词
21	西风的话	廖辅叔词
22	新年	叶绍钧词
23	晨歌	佚名词
24	好学生	佚名词
25	问问猫	姚是词
26	跷跷板	严成熙词
27	菱儿	严成熙词
28	上海市立务本女中附小校歌	吴研因词
29	天津市立师范附小校歌	佚名词
30	始业式	东峦词 黄自和声
31	朝会歌	美国歌曲 黄自填词、和声

4. 清唱剧

分段	《长恨歌》标题	作者
（一）	仙乐飘飘处处闻	
（二）	七月七日长生殿	
（三）	渔阳鼙鼓动地来	
（五）	六军不发无奈何	韦瀚章词
（六）	宛转娥眉马前死	
（八）	山在虚无缥缈间	
（十）	此恨绵绵无绝期	

5. 器乐独奏和重奏作品

序号	曲目	备注
1	Prelude 前奏曲	
2	Two Two-Part Inventions 1 二部创意曲两首 1	G 大调二部创意曲
3	Two Two-Part Inventions 2 二部创意曲两首 2	C 大调二部创意曲
4	Strict Fugue on an Original Subject in 2 Voices 原创主题的二部严格赋格曲	
5	Strict Fugue on an Original Subject in 3 Voices 原创主题的三部严格赋格曲	
6	Strict Fugue in 3 Voices 三部严格赋格曲	

6. 乐队作品

序号	曲目
1	怀旧（交响序曲）
2	都市风光幻想曲

人员信息

文字录入：李沛、汪醒格

文字校对：韩斌、王为

曲目信息整理：杨宁

录音监制：余哲辉、李向荣、王为

成人独唱和重唱作品

女高音：龚爽（*Canon perpetuo a 3 Voce for a Xmas Card*、《春思曲》《玫瑰三愿》《卡农歌》、*Brahms：Cradle Song*）

女中音：黄萱（*Canon perpetuo a 3 Voce for a Xmas Card*、《下江陵》《燕语》《卡 农 歌》《淮 南 民 谣》、*Brahms：Cradle Song*、《采莲曲》）

低男中音：沈洋

钢琴伴奏：何嘉炜（《春思曲》《玫瑰三愿》）、邵鲁

小提琴：刘沁妤（《玫瑰三愿》）

录音时间：2017 年 7 月

成人合唱作品和清唱剧《长恨歌》

合唱团：上海回声合唱团

女高音：陈思婧、傅筱婷、张寻、赵夏若曦、赵以凡、周佳彦、诸春飞、侯劭昀、吕雅雯、魏友加、温馨、杨丹华、赵路易

女中音：曾义舒、茆茆、乔莘雯、王雪婷、武小丁、严逸澄、
　　　　张舒怡、黄硕、金良红、李梦恬、马相宜、翁田田、
　　　　吴梓宁

男高音：高宁、王立、王沛晟、徐云峰、祖新瑞、陈轲、韩经
　　　　纬、李沛、李众喆、杨昕喆

男低音：丁彦炜、万鑫来、王浩然、王明珏、徐鸿恂、余哲辉、
　　　　潘明杰、施嘉俊、滕翔宇、汪醒格、赵轶凡

钢琴伴奏：潘岱砚

指挥：洪川

女高音：龚爽（《长恨歌》）

低男中音：沈洋（《长恨歌》）

录音时间：2017 年 3 月和 4 月、2017 年 7 月（《长恨歌》）

儿童合唱作品

合唱团：上海市黄浦区青少年活动中心春天少年合唱团

团员：俞哲皓、王佩琦、宋秋怡、马钥钲、王沁钰、翟畅、贵
　　　子儇、陈辰、胡子昕、宋馨雨、刘彦靓、王家婧、李逸
　　　然、吴翼文、董彦君、高子晴、楼佳茗、郭子划、刘隽
　　　如、杨悦嘉、许婧、程语涵、项奕嘉、杨涵迪、周诗宸

钢琴伴奏：聂敬南

指挥：徐亮亮、沈婉君

录音时间：2017 年 1 月

器乐独奏和重奏作品

小提琴：刘沁妤

中提琴：薛丰

大提琴：焦艺

钢琴：谢亚双子

录音时间：2017 年 7 月和 11 月

乐队作品

乐队：浙江交响乐团

第一小提琴：卢闻强、杨帆、何凡、陈勃、江敏、王惠君、郑
天华、关鹏、王欣、王惠、张雯华、李冰清、胡
效麟、李育育

第二小提琴：龚雨、朱帆、陆羽、张岳、王格格、叶子、卿筠、
赵丹、邢丽娟、陈阿灵、王妍、王梦璐

中提琴：王杨、张宇、肖坤鹏、邬娟、吕鸽、关淞元、唐妍、
张广蕤

大提琴：肖兴凯、高伟男、施维、王龙吟、赵芦、李晔、曹岚、
范芳文

低音提琴：陈立、吴思文、曹博文、刘雨潇、赵梦麟、吴昊天、
蒋文怡、周媛

长笛：富足、曹艳、岳鑫

双簧管：徐海、李立品、王晋

单簧管：毕重龙、郭豆豆、王俊、陈路

大管：宁彦、范庆隆、高泉

小号：刘琛、蔡孟芙、王晓军、张正统

圆号：石江涛、李晓迪、杨帆、王蕾、Armin

长号：黄伟捷、范子敬、颜妤倩

大号：柯闵中

打击乐：邵菲、王科、李晨啸、赵航

竖琴：夏淡一

指挥：张艺

录音时间：2018 年 3 月

大事记

2016 年 7 月
所有曲目录音大纲整理完成。

2017 年 1 月 18 日
儿童和幼童部分合唱作品录音完成。

2017 年 3 月 26 日
第一部分成人合唱作品录音完成。

2017 年 4 月 4 日
第二部分成人合唱作品录音完成。

2017 年 7 月 9 日
《长恨歌》录音完成。

2017 年 7 月 10 日和 11 日
成人独唱和重唱作品录音完成，第一部分器乐作品录音完成。

2017 年 9 月 10 日
歌词部分数字化完成。

2017 年 11 月 6 日

第二部分器乐作品录音完成。

2017 年 12 月 16 日

文字部分数字化完成。

2018 年 3 月 9 日

乐队作品录音完成。

2021 年 4 月 30 日

文字部分初校完成。

2024 年 5 月 15 日

图书排版设计完成。

2024 年 10 月 30 日

出版定稿完成。

图书在版编目(CIP)数据

其来有自：黄自先生纪念集/沈洋主编. -- 桂林：广西
师范大学出版社，2025. 1. -- ISBN 978-7-5598-7512-9

Ⅰ. K825.76-53

中国国家版本馆 CIP 数据核字第 2024T17F21 号

其来有自：黄自先生纪念集

QI LAI YOU ZI: HUANG ZI XIANSHENG JINIANJI

出 品 人：刘广汉
策划编辑：李　昂
责任编辑：徐　妍
装帧设计：佚舒玉晗

广西师范大学出版社出版发行

（广西桂林市五里店路9号　　　邮政编码：541004）
（网址：http://www.bbtpress.com　　　　　　　　　　）

出版人：黄轩庄

全国新华书店经销

销售热线：021-65200318　021-31260822-898

山东临沂新华印刷物流集团有限责任公司印刷

（临沂高新技术产业开发区新华路1号　邮政编码：276017）

开本：890 mm×1 240 mm　　1/32

印张：8.875　　　　　　　字数：168 千

2025 年 1 月第 1 版　　　2025 年 1 月第 1 次印刷

定价：88.00 元